luisa mell

luisa mell

COMO OS ANIMAIS SALVARAM MINHA VIDA

GLOBOLIVROS

Copyright © 2018 by Editora Globo S.A
Copyright do texto © 2018 by Marina Zatz de Camargo

Todos os direitos reservados. Nenhuma parte desta edição pode ser utilizada ou reproduzida — em qualquer meio ou forma, seja mecânico ou eletrônico, fotocópia, gravação etc. — nem apropriada ou estocada em sistema de banco de dados sem a expressa autorização da editora.

Editor responsável: Guilherme Samora
Editora assistente: Tamires von Atzingen
Design da capa: Guilherme Francini
Imagem de capa: Guilherme Samora
Foto quarta capa: Marcos Rosa
Preparação de texto: Ligia Alves
Revisão: Amanda Moura
Projeto gráfico e diagramação: Douglas Kenji Watanabe

Texto fixado conforme as regras do Acordo Ortográfico da Língua Portuguesa (Decreto Legislativo nº 54, de 1995).

CIP-BRASIL. CATALOGAÇÃO NA PUBLICAÇÃO
SINDICATO NACIONAL DOS EDITORES DE LIVROS, RJ

M473c
    Mell, Luisa
        Como os animais salvaram minha vida / Luisa Mell. - 1. ed. - São Paulo : Globo Livros, 2018.
        208 p. ; 23 cm.

        ISBN 978852506588-9

        1. Mell, Luisa, 1978-. 2. Artistas – Biografia. 3. Apresentadores (Teatro, televisão, etc.) – Brasil – Biografia. I. Título.

18-47306
                                              CDD: 927
                                              CDU: 929:7091

1ª edição — fevereiro de 2018
2ª reimpressão — abril de 2018

Direitos de edição em língua portuguesa para o Brasil adquiridos por Editora Globo S.A.
Rua Marquês de Pombal, 25
20230-240 — Rio de Janeiro — RJ — Brasil
www.globolivros.com.br

Ao meu querido pai, José Alfredo Papa de Camargo, que, ao criar um programa de televisão, me fez descobrir minha missão de vida.
A minha amada mãe, Sandra Zatz de Camargo, que mesmo nos momentos mais sombrios, nas noites mais escuras, nunca me deixou desistir.
Aos meus anjos peludos Dino, Marley e Gisele, por terem me amado da forma mais pura e verdadeira quando nem eu mesma gostava de mim.
Ao meu marido, Gilberto Zaborowsky, meu parceiro nas derrotas e nas vitórias. Meu amor, amigo e amante.
Ao meu filho, Enzo, o maior presente da minha vida. Minha alegria, minha esperança, minha paz.

Uma previsão assustadora

NA SALA DA CASA DE UM DOS MAIORES ASTRÓLOGOS DO BRASIL, Oscar Quiroga, ouvi uma previsão estranha: "Você vai inventar um jeito novo, vai inovar. Vai unir pessoas que pensam de uma maneira diferente. Elas já existem, mas estão espalhadas, e por isso acham que estão sozinhas". Na época, eu estava prestes a estrear em um programa sobre sexo. Comandado por Monique Evans, o *Noite afora* prometia esquentar as madrugadas na TV.

Fiquei meio perturbada. O que eu iria inventar sobre sexo? Iria unir pessoas? Que pessoas eram essas? Durante o resto da consulta com o astrólogo, eu só pensava nisso. Essa parte da previsão foi tão forte que não me lembro de mais nada do que o Quiroga disse. Lembro apenas da sua sala ampla, com muitas plantas. E lembro de mim. Enlouquecida, matutando sobre como deveria inovar ao falar sobre... sexo!

Evidentemente que, do alto da minha juventude e da ansiedade que sentia, eu esperava que o Oscar dissesse que eu faria sucesso, que cresceria como apresentadora, que ganharia dinheiro e que encontraria meu príncipe encantado. Meus sonhos de menina. Mas não. Saí de lá um pouco assustada. Preferi nem contar para minha mãe, Sandra, que sempre fora minha confidente. Achei que ela ficaria ainda mais perturbada que eu com aquela profecia.

Trabalhei naquele programa de TV por dois anos. Foi onde comecei a ficar conhecida. Só que não inventei absolutamente nada sobre sexo! Na verdade, meu quadro era o único do programa que não abordava diretamente o assunto. E, como eu também colaborava na produção, fiquei de olho.

De lá, eu trago o nome artístico pelo qual todos me conhecem: Luisa Mell. Sim, eu o inventei. Eu já era atriz havia anos com meu nome de batismo, Marina Zatz de Camargo. Mas iria estrear como repórter em uma atração que ninguém sabia muito bem o que seria... E, confesso: foi com medo de queimar meu nome que resolvi adotar um pseudônimo.

Luisa foi minha primeira opção. É o nome da minha avó querida, que tinha falecido pouco tempo antes em uma tragédia que abalou a minha vida e a de toda a minha família. Minha amada vovó foi comprar pão em frente de casa e acabou atropelada. A morte foi instantânea, mas a dor da nossa família foi muito duradoura. Perder alguém que se ama é sempre muito triste. E perder alguém subitamente deixa marcas terríveis. A tristeza por não ter dado o último adeus, o remorso por não ter falado mais vezes "eu te amo" ficam para sempre.

Imagina: eu estava saindo da adolescência e, como é típico dessa fase da vida, era muito egoísta. Só pensava em mim, nos meus gatinhos (humanos ainda; naquela época eu só pensava em meninos), nos meus sonhos, anseios, desejos... Se pudesse voltar no tempo, era para lá que eu iria. Só para encher minha avó com os beijos e abraços que não dei. Nisso, os cachorros são bem melhores do que nós, não precisam de datas especiais para dizer o quanto nos amam: basta você sair por dois minutos que, quando voltar, vai ter toda a demonstração de amor que alguém pode ganhar. Aprendi isso com eles no decorrer da minha vida. Pena que ainda não tinha essa sensibilidade naquela época.

Voltando ao nome, o Mell veio por acaso. Se é que existe acaso nesta vida. Como era muito fã do ator Luís Mello, resolvi me batizar como Luisa Mello. Pois é. No primeiro quadro do *Noite afora*, estreei como Luisa Mello. Um dia, minha mãe estava digitando um release sobre o meu quadro para mandar para a imprensa, já que ela trabalhava como assessora. Foi quando o telefone tocou... Ela se levantou para atender antes de terminar de escrever o nome. Meu pai, Papa Camargo, deu uma olhada na tela do computador e viu "Luisa Mell". E logo gritou: "Muito melhor! Quer dizer que você resolveu usar seu apelido de infância?".

E foi aí que me lembrei. Quando eu tinha uns 11 anos, vendia pão de mel pelas ruas do Bom Retiro, bairro paulistano onde cresci, que naquele tempo era um reduto da comunidade judaica. Eu saía com minha amiga e nós íamos de loja em loja vendendo. Como eu tinha o cabelo cor de mel, acabei me dando o apelido de Mel, a garota do pão de mel... Pois é. Ainda não era vegana na época.

Experiências terríveis

Normalmente o amor pelos animais começa na infância, certo? Não comigo!

Meus pais tinham sofrido muito com a morte dos seus cachorros, então decidiram não ter mais animais em casa. Eu quase não tive contato com cães durante a infância, e, quando tive, foi dramático. Eu devia ter uns 3 anos quando um amigo do meu pai deixou o cachorro dele conosco por uma noite.

Nós morávamos na rua Bandeirantes, no Bom Retiro. Tenho poucas lembranças daquela época, daquela casa, mas me lembro exatamente daquela noite. Assim que o dono foi embora e a porta se fechou, começou o nosso drama. O cachorro chorava sem parar.

Uivava. Fiquei muito assustada. Meu pai falou: "Daqui a pouco ele vai parar". Mas não parou. Lembro que passei a noite inteira com a porta do meu quarto entreaberta, assistindo, perplexa, ele uivar e chorar, olhando para a porta. Gostaria que cada pessoa que abandonou algum animal nesta vida vivesse uma noite como aquela. Presenciei todo o sofrimento daquele cachorro, porém na época não fui capaz de entender. Lembro apenas da angústia que senti e do alívio depois que ele foi embora com seu dono, no dia seguinte.

No mesmo apartamento, tive outra experiência pavorosa. No canto da sala, minha mãe resolveu colocar um aquário. Naquela época eu pensava que minha mãe tinha dupla personalidade, pois eu achava que a via na televisão com outro nome. Vou explicar. Por muitos anos, achei que a Renata Sorrah fosse a minha mãe ou que a minha mãe fosse a Renata Sorrah! E não era só eu. Minha mãe era abordada na rua, pois achavam que ela era a atriz da Globo. Pois bem. Naquele dia, lembro de ter visto a "Renata Sorrah" entrar em desespero, sair correndo, pegar o aquário e chorar sem parar... Até hoje não sei ao certo o que aconteceu. Sei que um problema no termostato fez todos os peixes morrerem. Lembro também de ter ficado com dó da minha mãe e de me sentir novamente angustiada. Logo os amigos dos meus pais fizeram brincadeiras, dizendo que os peixes tinham sido fritos assim como os que são servidos no restaurante. E eu ri. Afinal, todo mundo estava rindo...

Meus pais sempre se viraram em mil para nos sustentar. Meu pai chegou a ter três empregos simultâneos e, em alguns momentos, nenhum. Tenho uma irmã mais nova, a Marcela. Nossa vida financeira era bem instável, mas todos nós sempre fomos muito unidos. Minha mãe, Sandra, também fazia um monte de coisas ao mesmo tempo. Jornalista de formação, ela fazia assessoria de imprensa de grandes eventos. Cada um que minha mãe fechava era um alívio para a família. Lembro quando ela chegou toda animada contando que iria fazer um megaevento de cachorros! Seria no estacionamento do shopping Lar Center, uma megafeira de VENDA de filhotes de raça que prometia ser um sucesso. VENDA... Minha mãe conseguiu emplacar reportagens em jornais e revistas, e o sucesso da feira foi tão grande que ela continuou a fazer esse mesmo "evento" por vários anos. Sempre com todo o "estoque" vendido. Era considerado um sucesso absoluto.

Naquela época eu era apaixonada pelo huskies siberianos. Simplesmente por achá-los lindos. Meu sonho era comprar um filhote da raça. Minha mãe falava que era caro, que não tinha dinheiro, só que ela não queria também por outros motivos. Eu ficava o dia todo trabalhando com ela na feira, babando nos filhotes e sonhando em ter dinheiro para comprar um. No final de um evento, um dos expositores ofereceu uma cachorra adulta para ela, de graça.

— Por que você não quer mais ela? — perguntou minha mãe, ingenuamente.

—Ah... ela é matriz, já não serve mais... Está meio velha, não tem mais utilidade — respondeu ele, com frieza.

Era uma dálmata. Lembro de ouvir minha mãe falar "coitada!". E só isso. Ela respondeu que não estava pronta para ter um cachorro, ainda mais um dálmata, que era muito grande. Na verdade, minha mãe ainda não estava pronta para enxergar toda a verdade por trás daquele "evento de sucesso".

Durante anos, minha irmã e eu pedimos um cachorro para nossos pais. A resposta era sempre a mesma: *não*.

Uma reportagem publicada no jornal *Folha de S.Paulo* mudou o meu destino e o de milhares de animais. Infelizmente, não sei o nome do jornalista para agradecer. Em uma manhã de domingo, minha mãe leu essa reportagem, que mostrava como era benéfica para crianças hiperativas a convivência com cães (minha irmã, 8 anos mais nova que eu, era uma criança muito agitada, daquelas que tiram os pais do sério). A reportagem mencionava um evento de adoção que aconteceria naquele mesmo dia em uma faculdade no ABC Paulista. Assim que acabou de ler, minha mãe nos chamou e perguntou:

— Vocês ainda querem um cachorro?
— SIM! — gritamos as duas.
— Só se for adotado — disse ela.

O que foi prontamente aceito por nós.

Encontrando meu caminho

Seguimos as três para a Faculdade Metodista, em São Bernardo do Campo, onde aconteceria o evento de adoção. Logo que chegamos, minha mãe se apaixonou por uma cachorra amarelinha, já adulta. Mas eu já tinha sido fisgada por uma filhotinha de pelagem caramelo que dormia como um anjo. Peguei ela no colo e a cachorrinha imediatamente se aconchegou em mim. Convenci minha irmã. E lá em casa a maioria sempre vence!

Fizemos a ficha e eu a batizei de Principessa. Tinha acabado de assistir ao filme *A vida é bela* e achei lindo falar "Bom dia, Principessa". Porém o caminho de volta não teve nada de belo.

Do ABC até a Zona Norte de São Paulo são dezenas de quilômetros. A cada um deles, fui vomitada e cagada pela Principessa. Por ironia do destino, foi literalmente na merda que começava a melhor versão de mim mesma. Não me importei com o mau cheiro na roupa, com a sujeira, nem com o nojo que os dejetos costumam causar no ser humano. Só me importei com aquele ser frágil e indefeso no meu colo. Só queria que ela ficasse bem.

Chegando em casa, fui direto para o banho, não sem antes aconchegar minha Principessa em sua caminha. Achamos que fosse apenas um mal-estar causado pela viagem de carro; certamente ela não estava acostumada. Só que, assim que saí do banho e a peguei no colo, ela vomitou de novo. E mais tarde de novo, e de novo...

Passava das 10 da noite quando minha mãe decidiu que precisávamos levá-la ao veterinário imediatamente. Mas no domingo? Àquela hora? Aí começou o nosso desespero. Na época da adoção, passávamos por uma das nossas mais duras crises financeiras. Quando pegamos a cachorra, minha mãe ainda falou:

— Cachorros dão sorte. Ela vai nos ajudar a sair dessa fase difícil.

Mal sabia a dona Sandra que em menos de 12 horas estaríamos em um hospital veterinário desses que atendem 24 horas, gastando nossa última reserva financeira com a cachorra. Minha mãe pouco se importou. Certamente, ali, nos educou. Melhor do que um milhão de sermões sobre compaixão é um exemplo. Ali, ela nos deu um grande ensinamento que formaria nosso caráter.

— Parvovirose — o doutor informou.

Hoje em dia, só de ouvir esta palavra já sinto um frio na espinha. Mas naquela época ainda não sabia da gravidade dessa doença. O doutor prosseguiu:

— Se passar desta noite...

Nem deixei ele terminar a frase:

— Passar desta noite??? Como assim? Ela pode morrer hoje? — indaguei em desespero.

Principessa corria risco de morte. Passamos a madrugada juntas. Lutando pela sua vida... Foi a primeira vez que fiquei realmente próxima a Deus. Foi a primeira vez que depositei toda a minha força em uma oração. Principessa me colocou em contato com o divino pela primeira vez.

Durante a noite, cochilei levemente algumas vezes. Em algumas delas, acordei e não vi Principessa na caminha! Um segundo, às vezes, tem o peso de uma eternidade. Eu me lembro até hoje do desespero que senti quando não a vi. Eu a encontrei fazendo xixi no jornal! Aquela coisa fofa, quase morrendo, já ia ao lugar certo para fazer xixi! Me apaixonei ainda mais naquele momento.

Na época, só consegui entender que um milagre tinha acontecido e salvado minha cachorra. Mal sabia que eu é que estava sendo salva de uma vida vazia e fútil. Poucas pessoas adotavam animais de rua naquele tempo. Lembro dos olhares de estranheza durante os passeios. Um vizinho chegou ao ponto de me perguntar o que eu, tão bonita, fazia com uma cachorra tão feia e vira-lata. Lembro da raiva que senti e do desprezo que passei a ter por ele desde então. Coitado! Não sabia nada sobre amar!

Enquanto isso, minha família era inundada pelo amor e pela alegria que nossa vira-lata legítima trazia para nossas vidas. Quando chegávamos em casa, ela corria para nos receber e lamber nossa cara. "Parece o Dino dos Flintstones", minha irmã dizia, gargalhando. Desde então, nossa Principessa virou nossa Dinossaura. Depois, Dino.

— Sim, fêmea e se chama Dino. — Acho que respondi isso mais de 100 mil vezes. Mas Dino combinava tanto com ela que nunca me importei. Eu me importei com o preconceito que sofria por ter uma vira-lata. A cada desprezo, meu amor por ela se mostrava mais forte. Aos poucos, ela deixou de ser minha cachorra e foi se tornando minha irmã. Era a dona da sala, do espaço todo. Nosso motivo para querer voltar logo para casa.

Meses depois, uma tragédia abalou minha família. A morte súbita da minha avó deixou todos nós profundamente tristes. Principalmente meu pai, que entrou em depressão profunda. E lá estava Dino para nos salvar. Dia e noite, os dois juntos, unidos. Era com ela que ele desabafava e chorava.

O tempo passou, a amizade de Dino e meu pai foi ficando cada vez mais forte. Nós agradecíamos todos os dias àquela vira-lata legítima por ter salvado o nosso pai da tristeza e da solidão. Brincávamos que ela era a caçula e a preferida do papai. Meu pai, redator e roteirista de TV por mais de trinta anos, viu naquela tragédia pessoal uma inspiração.

E assim nasceu o *Late show*, um programa de TV totalmente voltado aos animais e que mudaria a vida da minha família.

Corredor da morte

Quando entrei naquele corredor longo e escuro, senti o cheiro da morte. Fui atravessando lentamente, tentando me concentrar nas explicações da funcionária responsável, mas o barulho era enlouquecedor. De ambos os lados havia canis com cães capturados nas ruas da cidade de São Paulo que imploravam por atenção. Alguns esfregavam o focinho entre as grades em busca de um mísero carinho, outros latiam e pulavam sem parar... Cães de todos os tipos, grandes, pequenos, médios... Todos largados em canis gelados, fedidos, superlotados... Imaginei por um minuto minha cachorra ali. Lembrei do quanto ela gostava da sua caminha quentinha, dos seus brinquedos, dos passeios diários, de todo o amor que dava e recebia. Cada um daqueles cães queria a mesma coisa, mas eles estavam ali no frio, na solidão, no abandono. No meio desse devaneio, ouvi as palavras que me deram um arrepio na espinha:

— A cada dia que passa, os cães vão para o canil da frente. Quando chegam no último, vão para a sala da eutanásia.

Imediatamente me dei conta de que no final do corredor tinha uma porta branca, ou melhor, que um dia tinha sido branca.

— Atrás dela fica a sala da morte? — perguntei estarrecida.

— Da eutanásia — disse ela, como se a denominação mudasse alguma coisa naquela realidade triste.

Pelo simples fato de terem nascido sem lar ou de terem sido abandonados, dezenas de cães eram assassinados todos os dias.

Olhei de novo para as grades e, naquele momento, percebi que, na verdade, eles estavam me implorando para ser salvos, implorando pelo direito de viver.

Sim, eles sabiam de tudo. O cheiro não os engana. Cães com medo fazem xixi com um odor diferente, e os outros cães entendem isso como um alerta para perigo.

Da captura pelas ruas de São Paulo até o seu último suspiro se passavam três dias. Se em três dias ninguém aparecesse para resgatá-los, eram sacrificados com uma injeção letal.

Os que estavam à minha frente tinham presenciado a morte de centenas de cães que chegaram antes deles. E sabiam que o destino seria igualmente cruel com eles.

Não pude fazer nada naquele momento. Até hoje me lembro daqueles olhares, daquela dor de quem foi condenado à morte injustamente. E ali eu jurei. Prometi com toda a força da minha alma que lutaria até o fim dos meus dias para acabar com aquela injustiça.

Tinha ido até o Centro de Controle de Zoonoses de São Paulo para gravar a primeira matéria do meu programa de televisão, que abordaria o amor pelos pets. Mas ali eu entendi que minha missão era outra, bem mais profunda e mais difícil. Naquele momento, deixei de ser só uma apresentadora de televisão e me tornei também uma protetora dos animais. Por todos aqueles que não consegui salvar naquele dia, jurei que dedicaria a minha vida a salvar muitos outros.

Late show: vira-lata na abertura?

Quando apresentei a ideia do *Late show* na emissora em que trabalhava, ela foi bem aceita. Viram ali uma oportunidade comercial.

O mercado pet crescia muito no Brasil, então a atração poderia ter bons anunciantes. Naquele momento, ninguém imaginava que eu faria do programa uma ONG. Nem eu.

O que meu pai e eu já sentíamos era que o programa seria diferente de qualquer do gênero. Nosso objetivo era abordar e questionar a relação do homem com os animais. E levantar a bandeira dos vira-latas! No entanto, desde o primeiro momento em que comecei a trabalhar com bichos, percebi que as pessoas tinham dificuldade de entender o que eu queria dizer, qual era a verdadeira mensagem. Confesso: fui grossa com algumas pessoas nessa jornada. Eu ficava irritada porque não me compreendiam. Hoje, mais velha e mais madura, consigo entender que era tudo muito novo para mim e para a sociedade. Dar voz aos vira-latas, mostrar cenas chocantes da realidade de um centro de zoonoses... Mudar paradigmas tão enraizados é um processo lento, difícil. E até doloroso. E eu não entendia isso. Era impulsiva, tinha pressa e as costas quentes. Sim, eu era a namorada de um todo-poderoso da emissora, o que me ajudou por um tempo. E quase me destruiu depois.

A estreia

— Podemos colocar um macaco fantasiado de caçador no palco?

Escutei isso, incrédula, de um dos dezenas de diretores que dispensei.

— Vira-lata feia assim, quem vai querer? Essa menina é louca! — disse outro, sem saber que eu estava ouvindo.

Fiquei com fama de difícil desde o começo. Antes mesmo de estrear, já fui chamada na diretoria, porque um patrocinador — uma famosa marca de ração — queria que eu tirasse os vira-latas da abertura. Aparentemente, segundo eles na época, "vira-lata não come ração".

Mas eu não tirei. Fui firme.

— O programa é sobre isso. Sobre quebrar preconceitos e fazer o amor vencer... Confia em mim, amor.

Não sei se ele entendia o que eu estava dizendo ou só queria que eu parasse de falar e o deixasse em paz. Talvez as duas coisas. Sei que acabei convencendo meu namorado na época, e, assim, os vira-latas ganharam pela primeira vez um grande espaço na TV.

Quando assisti à edição do primeiro programa, enlouqueci. Cortaram minha interação com os animais! O cavalo me lambeu e eles cortaram. Cortaram a emoção! Na época, um dos diretores artísticos era Carlos Freitas. Ele me conhecia desde a infância, pois era amigo do meu pai, e me ouviu. Lembro que passei o sábado anterior à estreia reeditando o programa quase inteiro. E despertando o ódio de editores, diretores...

Hoje eu os entendo. Ninguém fazia por mal. Simplesmente não tinham ideia do que eu queria dizer. Na verdade, fazendo um *mea culpa*, nem eu enxergava isso tão claramente. Meses antes, tinha participado como convidada de um programa da TV da Faculdade Santa Cruz. Um dos outros entrevistados logo me chamou a atenção. Magrinho, muito tímido, ele se autodenominava especialista em comportamento animal. Me deu um livro que tinha lançado e nós trocamos contatos. Foram madrugadas e madrugadas de conversas ao telefone.

— Os macacos têm inteligência igual à de crianças de 3 anos. A minha cadela Sofia se comunica comigo através de símbolos. Quando ela quer alguma coisa, me mostra no painel entre as opções... — me contava meu mais novo melhor amigo, Alexandre Rossi.

Eu estava sedenta por informações para o meu novo programa e ele, alucinado por ter com quem dividir suas descobertas. Nossas conversas também passavam por antidepressivos... Ale, filho de um renomado psiquiatra, também tinha fascínio pelos medicamentos e suas ações em humanos e animais. Eu, que já começava a mostrar sinais de uma leve depressão que com o passar dos anos foi se agravando, me interessei também pelo assunto.

Em pouco tempo, Alexandre Rossi veio trabalhar comigo. Ele não sabia nada sobre televisão e eu não sabia nada sobre bichos. Viramos mestres um do outro, confidentes e amigos. Um pouco antes da estreia do programa, começou a Copa do Mundo de 2002. Alexandre estava em nossa casa quando meu pai, revoltado, entrou na sala:

— Que merda essa copa nesses países que comem cachorro!

— Como eles podem? Que horror! — gritou minha mãe...

Alexandre, com sua calma de sempre, disse:

— Mas é mesma coisa que um boi. Se você criar um boi na sua casa, ele vai ser como um cachorro. Não tem diferença. Só o tamanho dele. E o tamanho do cocô.

A verdade cala. Não lembro como encerramos o assunto, mas sei que hoje em dia ninguém na casa dos meus pais come cachorro, nem boi.

Finalmente, em setembro de 2002, estreava o *Late show*, uma brincadeira com o nome do programa homônimo do David Letterman (ideia brilhante do meu pai!), que prometia informar e divertir os donos de pets.

A tal marca de ração patrocinava um quadro chamado "Raça da semana", no qual mostrávamos as características de cada raça de cachorro. Matérias em zoológicos e aquários eram frequentes. Eu pensava, na época, que eram ótimos lugares para quem gosta de bicho. Mas, aos poucos, a dura e cruel verdade chegava até mim. E eu ousava mostrá-la ao público.

Comecei a gravar matérias em santuários que recebiam animais vindos de circos. Sem dentes, sem unhas e doentes, eram abandonados na velhice, quando não serviam mais para os espetáculos.

Descobri que elefantes que aparentemente dançavam nos circos na verdade tinham sido condicionados a levantar as patas recebendo choques! Recebi um vídeo com a verdade dos bastidores dos circos: animais apanhando, acorrentados, levando choques, chutes.

— Vou colocar no programa! — falei.

— Você tem coragem? Sabe o que vai enfrentar? — perguntavam, em uníssono, produtores, editores, diretores...

— As pessoas precisam saber! — eu respondia.

Naquela época, ninguém na emissora mexia comigo. Eu usava meus privilégios para mostrar na TV o que todos escondiam. E os maus-tratos nos circos foram revelados na TV aberta. A partir dali, começou o fim dos circos com animais no Brasil. Foi gradativo. A legislação federal até hoje não foi alterada, entretanto várias cidades proibiram "espetáculos" com bichos. E o principal, o público parou de querer assistir a esse tipo de show, o que fez os circos deixarem de usar animais e modificarem suas atrações. Circo legal é circo sem animal.

Vale lembrar que a sociedade passava por mudanças estruturais. Com os quintais se tornando cada vez mais raros e os apartamentos, cada vez menores, os cães foram se mudando para dentro de casa e conquistando o status de membros da família! Quando o *Late show* começou, as pessoas ainda não falavam sobre isso tão abertamente. Para alguns, era até meio vergonhoso tratar o cachorro assim. Mas nós fomos com tudo.

O *Late show*, sem dúvida, foi um marco. Pela primeira vez na história da televisão brasileira o direito dos animais era realmente discutido. Denúncias de maus-tratos e crueldade mostravam ao grande público a triste realidade dos animais de rua. E, aos poucos, o vira-lata foi ganhando o coração das pessoas, a adoção foi conquistando espaço.

Eu fazia reportagens por todo o Brasil. Lembro bem do dia em que estava gravando no Maranhão e uma jovem muito emocionada me abraçou e me agradeceu. Aos prantos, relatou:

— Eu sempre ajudei os cachorros abandonados, mas as pessoas riam de mim, diziam que eu era louca. Então, eu ajudava escondido. Só que, desde que começou seu programa, tudo mudou. Me chamam de Luisa Mell do Maranhão, agora me admiram. Tanto que consegui fundar uma ONG, porque muita gente quer ajudar os animais... Graças ao seu programa!

Lembro de termos chorado abraçadas. Ninguém imaginava a pressão que eu sofria por colocar tudo aquilo na televisão, mas ali tive a certeza de que valia totalmente a pena.

Foi naquele momento que entendi a previsão do astrólogo...

Mudança de hábito

Minha vida pessoal também foi sendo abalada pelas descobertas. Comecei a me transformar aos poucos. Meu namorado e eu jantávamos fora todas as noites. Um dos grandes prazeres dele era frequentar os melhores restaurantes do Brasil e do mundo. No começo do namoro, eu, que até então não era habitué daquele mundo, confesso, me encantei.

Porém, logo que descobri como o *foie gras* era feito, passei a ser um problema. Assim que chegava aos restaurantes, pedia para retirarem da mesa o tal patê de fígado de ganso. Enquanto era só o patê, ainda era fácil conviver comigo. Afinal, ele nem gostava de *foie gras*; só comia porque era "chique". Ele parou de comer, pelo menos na minha frente, assim que eu contei que o ganso (ou pato ou marreco) era confinado e entupido de ração gordurosa através de canos, que mandavam a comida goela abaixo, até que seu fígado ficasse doente. E a partir desse órgão doente faziam o patê.

Mas, naquele momento, meu foco ainda era somente os cachorros.

Visão do inferno

Todos os dias eu fazia reportagens com cães. Cães heróis, cães incríveis que pulavam corda, jogavam basquete, dançavam, eram goleiros... Eu adorava. Era fofo, divertido e bem-aceito pelos patrocinadores. A cada dia me impressionava mais com a inteligência dos cachorros, mas tudo ainda era muito superficial. Não acrescentava nada nem para mim nem para o mundo.

Com a ajuda de ONGs de proteção animal, comecei a fazer denúncias e resgates de cães e gatos maltratados e vítimas de crueldade. E, quanto mais me envolvia, mais perplexa com a maldade humana eu ficava. Pessoas que mudavam de casa e deixavam seus cães ali abandonados, sem água e sem comida, deixados para morrer mesmo; animais sendo devorados vivos por larvas de moscas no quintal enquanto seus donos ignoravam suas dores, cachorros que ficavam amarrados dia e noite, sem abrigo do sol ou da chuva, que eram espancados, que morriam de fome no quintal...

Eu, formada em Direito pela Universidade Presbiteriana Mackenzie, finalmente achei um sentido para minha formação. Odiei a faculdade. Eu fazia teatro simultaneamente, sempre pensava em desistir do curso de Direito, mas tinha prometido a meus pais que teria um diploma. E nós de fato nunca sabemos os caminhos da vida... Quando é que eu iria imaginar que a faculdade ajudaria tanto no meu trabalho com a TV?

Por intermédio de uma amiga, conheci Luiz Scalea, protetor de animais e destemido como eu. Formamos uma dupla dinâmica e guerreira pelos bichos. Peguei as leis que falavam de maus-tratos e, a cada denúncia, junto com meu parceiro Luiz, chamava a polícia e lutava por aquele animal. Luiz estava na proteção havia muitos anos. Me ensinou muito. Perdi a conta de quantas vezes desligaram o telefone na nossa cara, dizendo que não era trabalho deles. E eu, munida da legislação e acompanhada de câmeras de TV, comecei a fazer valer a proteção da nossa Constituição aos animais.

Foi aí que começou a parte mais forte do *Late show*. O público se derramava em lágrimas assistindo a todos aqueles absurdos. O último bloco do programa era dedicado a denúncias e resgates. A audiência era alta, porém os patrocinadores começaram a reclamar. Queriam coisas fofas, não desgraça. Achavam tudo muito forte.

— Mas é a verdade! — eu gritava.

Comecei a pular muros, a arrombar portas para salvar vidas. O público começou a se envolver cada vez mais e ficava do meu lado, emocionado. E os patrocinadores, cada vez mais irritados.

Então comecei a mexer com o poder público. Recebi uma denúncia sobre o Centro de Controle de Zoonoses de Osasco. Protetores relatavam que os cães eram mortos a pauladas lá, que os animais dos canis estavam em péssimas condições. Fui pessoalmente conferir. E, lá, eu tive uma das visões mais aterradoras e cruéis da minha vida. Caí no choro com todo aquele horror. Achei um pau com sangue atrás da porta, animais tremendo, morrendo, sem água, sem comida... Foi a visão do inferno.

Briguei, fiz escândalo e coloquei na TV. A repercussão foi imensa. Até que fui chamada pela diretoria da emissora: a área comercial estava fazendo uma ação com a prefeitura de Osasco e queria que eu me retratasse.

Lembro de entrar aos berros em uma reunião com vários diretores e dizer que eu não iria me retratar de jeito nenhum. Que me mandassem embora, eu não faria. Evidentemente, por causa do meu relacionamento pessoal, não fui mandada embora. Só que eu estava determinada de verdade... Não medi palavras nem consequências. Já tinha entendido minha missão. Ou pelo menos parte dela.

Vale a pena ressaltar que, depois do escândalo todo, medidas foram tomadas e o CCZ de Osasco foi totalmente transformado.

Há pouco tempo estive por lá e me emocionei ao ver o trabalho que eles realizam hoje em dia. Minhas lágrimas, meus escândalos e as confusões me prejudicaram muito, mas fizeram a diferença na vida de inúmeros animais.

O amor em forma de focinho

Nessa etapa da minha caminhada, o mais emocionante é que fui estabelecendo uma conexão bastante íntima e pessoal com os cães. Por muitas vezes, os animais que íamos resgatar estavam agressivos. Principalmente, claro, porque estavam assustados e traumatizados.

Comecei a desenvolver meus próprios métodos para lidar com os cães em todas as situações. Cada animal tem sua personalidade, sua história. Claro que, no caso de cães da rua, não sabemos o que aconteceu com eles. Mas aos poucos fui aprendendo a lidar com eles também. Fui resgatando meus instintos animais. Percebi que os cães sentem nossa energia e reagem a ela.

Lembro de uma vez em que fomos resgatar um pitbull que ficou preso em uma casa sozinho durante 15 dias. Os donos tinham se mudado e o deixado ali para morrer. Os vizinhos jogavam água e comida pelo muro, tentando salvá-lo. Conseguimos com a dona da imobiliária que o portão fosse aberto. Quando ela estava abrindo, percebi que suas mãos tremiam.

— Você está com medo? — perguntei.

Ela disse que sim. Parei o resgate. Pedi que se afastasse e deixasse que nós fizéssemos tudo. Eles sentem a energia do medo e acabam entendendo que algo perigoso está acontecendo, o que os deixa nervosos e os impulsiona a atacar para se defender. Acabei descobrindo essas coisas na prática e anos depois li livros de adestradores famosos que falam sobre isso. O resgate foi um sucesso.

O pitbull, que estava esquelético, engordou e viveu feliz até o fim dos seus dias em um lar amoroso que conseguimos através do programa.

Segundo a legislação brasileira, só são consideradas maus-tratos as condutas que estão descritas no Código Penal. No entanto, quanto mais eu conhecia os cães, quanto mais me conectava com eles, mais eu discordava das leis do nosso país. Nesse ponto, minha vida pessoal e a profissional entraram em conflito. E a legislação não estava ao meu lado. Então, só me restou partir para o crime.

O sequestro dos Marleys

Eles viviam em um heliponto. Ainda filhotes, foram jogados lá, em um pequeno cercado. A cachorra labradora do filho do meu namorado na época — com o qual nunca tive contato — tivera cria recentemente. Os outros filhotes tinham sido doados. Gisele e Mickey sobraram.

Gisele logo de cara foi deixada no heliponto. Assim, quando fossem usar o helicóptero, os filhos brincariam com ela... Nos outros dias ela ficava ali, solitária e abandonada. Já Mickey, um labrador amarelo com focinho rosa — fora do que é considerado o "padrão" da raça —, tinha sido adotado e devolvido três vezes! Tinha um enorme galo na cabeça e, segundo os ex-donos, se comportava muito mal. Sim, é dele mesmo que falamos: aquele cujo nome mais tarde eu mudaria para Marley. E que mudaria a minha vida.

Nunca me esqueço do primeiro dia em que os vi. Fui fazer uma viagem e nós decolamos do heliponto. Assim que o canil foi aberto, eles vieram correndo em minha direção, eufóricos. Alguns centímetros antes, pararam e perceberam que não me conheciam. Mickey, que sempre foi medroso, começou a andar para trás, assustado. Mas foi só eu falar "Oi, Mickey! Oi, Gisele!" que eles correram para o meu colo e me encheram de lambidas. Decolei, e meu coração ficou lá. Não conseguia esquecê-los. Não aproveitei nada da viagem.

Logo que voltei, comprei uma casa gigante para eles e mandei entregar lá no heliponto. Exigi que meu namorado contratasse um passeador. Mas não era o suficiente. Cães precisam de afeto, de companhia, de amor. Consegui autorização para levá-los para minha casa nos finais de semana. O problema é que eu morava com meu namorado em um apartamento pequeno e todo bege. E logo descobrimos o que dois labradores jovens são capazes de aprontar.

Lembro de um sábado em que Mickey veio da cozinha com cara de quem diz: aprontei. Na hora, percebi e corri para lá. Para meu desespero, tudo estava alagado. E a água não parava. Eu não tinha ideia de onde saía tanta água. Só sei que subia, subia... Tivemos que fechar o registro geral e começamos a busca pela causa do problema. Nossa geladeira era daquele tipo que tem um filtro dentro. Até hoje não sei como Mickey conseguiu chegar atrás dela e tirar os canos do lugar... E era só o começo das travessuras deles.

Sempre adorei maquiagem. Naquela época, eu nutria uma certa compulsão e tinha uma maleta com dezenas de sombras, batons de todas as cores e das melhores marcas. Acho que valia mais do que o meu carro. E minha maleta era o meu maior tesouro. Lembro exatamente do momento em que Mickey pulou em cima de mim e a maleta explodiu: caiu no chão espalhando maquiagem por todos os cantos. Por um segundo, fiquei muito brava, mas, no momento seguinte, eu ri. E ri mais. E mais. O amor dele por mim sempre foi tão grande, tão desengonçado, tão desajeitado, que naquele momento ele me ensinou o que realmente importa nesta vida.

Aos poucos, o final de semana foi se prolongando. Eu os pegava na quinta e levava de volta no domingo à noite. Sempre que eu saía com eles, alguém perguntava onde o Mickey tinha batido a cabeça: o galo era realmente chamativo. Eu não me importava, apelidei de cocorocô.

E os dois seguiam aprontando:

- Cheguei a pegá-los no flagra. Ela subindo nas costas dele para abrir a porta.
- Eu tentava adestrá-los com o livro do amigo Alexandre Rossi na mão. Um dia, cheguei em casa e eles tinham rasgado o livro em mil pedaços! Acho que foi um recado: não queriam regras. Em outro momento, cheguei em casa e eles tinham espalhado pó de café por toda a sala. Não sei como fizeram isso, mas sei que nossa sala nunca mais voltou a ser bege, para desespero do meu então namorado.
- Eu os matriculei numa escolinha para cães. Frequentavam duas vezes por semana. Tinham até boletim! Gisele, sempre com notas altas. Mickey, sempre com notas vermelhas...

Quando me dei conta, Mickey e Gisele eram meus cachorros.

Quanto mais eu me apaixonava por aqueles bagunceiros, mais meu namorado se irritava com a desordem. Aprendi que não podia deixá-los sozinhos. Se eu ainda quisesse ter uma casa, teria que cansá-los o dia todo. Então resolvi levá-los para todo lugar. Assim, até para a balada eles iam comigo. Ficavam debaixo da mesa nos bares da vida, recebendo afeto e dando carinho a qualquer um que se aproximasse.

Claro que passei por alguns perrengues: uma vez tive um encontro de colegas da escola na casa de uma amiga de infância, Adriana Greif, que sempre foi apaixonada por animais. Foi uma péssima ideia: Mickey comeu as plantas e a parede da casa dela! Nem sei como ela ainda é minha amiga. Passear com os dois cachorros, então, era uma aventura arriscada. Era só avistarem outros cães para se transformarem em verdadeiros furacões. Me arrastavam e até pelada Mickey me deixou uma vez: puxou com tanta força que meu vestido rasgou. Nossos passeios melhoraram quando conheci o parque dos cachorros, perto do Ibirapuera, onde eu podia soltá-los, pois era cercado por todos os lados. Aprendi vários truques por lá. Por exemplo, quando eu queria pegar o Mickey, não podia correr atrás, pois esse era o gatilho para ele correr mais e mais, por achar que eu estava brincando. Então, eu ia para o outro lado e chamava a Gisele, que sempre foi mais obediente. Aí, ele vinha correndo atrás de mim também.

Nas férias, eu também conseguia convencer meu namorado a levá-los conosco. Íamos quase todos os finais de semana para uma casa que ele alugava em um condomínio fechado em Angra dos Reis. Nunca conheci ninguém do condomínio até o dia que invadi quase todas as casas, de biquíni e enlouquecida, atrás do Mickey, que tinha sumido. Sim, eu paguei todos os micos do mundo por causa desse cachorro. E, sim, o meu amor só aumentava.

Um dia, ao devolvê-los ao heliponto, Mickey escalou o muro de dois metros, pulou e correu atrás de mim. Lembro do desespero dele a cada vez que percebia que ia voltar para aquele heliponto. Não podíamos mais viver daquele jeito; meu coração também se despedaçava.

Comecei a procurar casa para alugar, comprar, mas ainda não tinha dinheiro suficiente e meu então namorado não parecia muito feliz com minhas decisões. Pelo contrário: eu queria criar condições para ficar cada vez mais perto do Mickey e da Gisele e ele queria móveis novos e os cachorros cada vez mais distantes. Isso foi nos afastando.

Eu já estava totalmente envolvida com os animais e me sentia um lixo por deixar meus cachorros longe de mim. Depois que nos separamos, em março de 2005, fui morar temporariamente em um flat.

Aí, o desespero bateu de vez. Não tinha onde ficar com eles. O flat não aceitava cachorros. Passava a tarde toda no parque e os levava de volta à noite. Foi uma época de muita dor e sofrimento. Mas eles estavam ali, com todo o amor e o carinho do mundo para mim. Lambiam minhas lágrimas nos momentos de tristeza, eram minha companhia na dor e na solidão. Me forçavam a levantar a cabeça e a prosseguir diante de qualquer adversidade. Eu estava juntando dinheiro para tentar alugar uma casa e viver com eles. Era mais do que eu poderia pagar, só que não havia nada pior que ficar longe deles.

Naquele momento, os portões se fecharam para mim.

Em um sábado, como eu sempre fazia, fui buscá-los. E o porteiro se recusou a abrir a cancela. Disse que não tinha autorização. Naquela semana, eu tinha apresentado uma reportagem no *TV fama* que contava que a Paula Lavigne entrou com o carro no portão da casa do Caetano. (Em 2005, foi noticiado que Paula forçou a entrada na garagem do prédio de Caetano Veloso. Fato que a própria empresária confirmou em entrevista, tempos depois, à revista *Marie Claire*: "O segurança não queria me deixar entrar. Não havia ordem para isso (...). Claro que deveria ter saltado, ligado para a síndica, feito a fofa que não sou [risos]. Mas a gente vai aprendendo. Hoje não faria isso".) Nunca a agradeci por ter me inspirado. Agradeço aqui: obrigada, Paula.

Na hora, tomada por muita emoção, liguei para meu ex-namorado e disse:

— Ou você manda abrir agora a cancela ou a próxima notícia que você vai ter vai ser a de que eu a arrombei com o meu carro.

Ele disse que os filhos não queriam mais deixar eu ficar com os cães. Argumentei, dizendo que eles precisavam de carinho. E que não iam ficar em um canil.

— Vou contar até dez para abrir essa cancela...

Com medo de um escândalo, abriram. E, daquele dia em diante, nunca mais devolvi os gêmeos.

Imagine a minha situação: eu morava em um flat que não aceitava cachorros e tinha dois labradores malucos e bagunceiros. O apartamento da minha mãe era pequeno e outros dois cachorros moravam lá. Minha tia já tinha a Lady, que achamos na lata do lixo, e a convencemos a adotar. Fui para um hotel passar a noite, e, não sei como, consegui que me deixassem dormir com os dois no quarto. Acho que o gerente era fã do meu trabalho. O problema é que só deixaram por uma noite. E a diária quase me quebrou. Mas eu estava decidida a não correr mais riscos. Não podia perdê-los. Pensei até que teria que virar uma fugitiva com eles, pois, se na prática e no amor eles eram meus, não eram minha propriedade segundo a legislação. E, apesar de ficarem sozinhos no heliponto, como tinham água, comida, abrigo do sol e da chuva e cuidados veterinários, eu não poderia alegar maus-tratos.

Coloquei Gisele e Mickey provisoriamente em um hotel para cães até poder alugar uma casa para vivermos juntos. Consegui um acordo de paz com meu ex-namorado. Pelo menos no primeiro ano. Como nos falávamos sempre e a volta ainda era uma possibilidade, mantínhamos um ótimo convívio. Mas eu nem imaginava o que estava por vir.

Certezas na profissão, incertezas no amor

Quanto mais confusa ficava minha vida pessoal, mais certeza eu tinha em minha vida profissional. Cada vez mais me aproximava de todos os animais. Quanto mais eu estudava, lia e tinha contato com eles, mais brigas comprava e mais inimigos fazia. Só que eu estava cada vez mais destemida. Tinha certeza de que estava no caminho certo, apesar dos avisos de todos. Lembro de uma reunião de pauta em que falei que não iria mostrar aves em gaiolas nem se tivessem o certificado do Ibama. Sou contra pássaro em gaiola. Pode ter certificado do Papa que mesmo assim não é certo.

Alexandre Rossi e parte da produção se levantaram contra mim.

— Mell, se você for para o radicalismo, vai acabar perdendo anunciantes. A maior parte deles vende gaiolas, comida para pássaros... Isso talvez torne o programa inviável — advertiu Alexandre, que tem a sensatez como uma de suas características.

— E vamos perder muitas pautas que dão audiência — gritou uma produtora.

Eu estava decidida a não abrir mão dos meus ideais. Naquele momento, encarava o trabalho como missão e fiquei completamente cega. Eu tinha a certeza absoluta de que Deus estava comigo e, ingenuamente, achava que nada iria me deter, que tudo iria dar certo.

Em uma reportagem na Amazônia, me contaram que araras e papagaios formam pares para a vida inteira, que são fiéis e monogâmicos. E, muitas vezes, se um dos pares é capturado, o que fica se suicida! Isso mexeu demais comigo. Foi aí que meus olhos se abriram para além dos cachorros. Comecei a tratar com profundidade a parte ambiental: a verdade é que os animais são os grandes agricultores das florestas. Pássaros como araras e papagaios voam quilômetros e quilômetros por dia. Comem uma fruta em um local e regurgitam as sementes em outro. Assim, nascem novas árvores. Os animais terrestres também ajudam a espalhar as sementes. Ou seja: todos os animais são fundamentais para a manutenção da floresta. Descobri que o tráfico de animais silvestres é o terceiro maior do mundo, só perde para o de armas e de drogas. Quanto mais eu aprendia, mais sentia urgência em gritar para o mundo. Junto à polícia ambiental, comecei a fazer apreensões de pássaros mantidos ilegalmente, em feiras do rolo... Vi a maneira impiedosa como são transportados, dentro de canos de PVC! A grande maioria desses bichos morre no meio do caminho ou chega ao destino muito debilitada.

Mas a realidade na delegacia era cruel. Por várias vezes o criminoso saía bem antes que eu, que ficava ali fazendo boletim de ocorrência, e os animais que sobreviviam a todo aquele horror muitas vezes não tinham para onde ser enviados, debilitados e longe do seu hábitat. E sobra para as ONGs, que não dão conta da quantidade de animais que chegam diariamente. Muitos animais que vinham do tráfico acabam indo para criadores credenciados no Ibama... E acabam sendo legalizados e vendidos como pets!

Desesperada, só me restava conscientizar as pessoas. Pássaros são feitos para voar. Imagine ficar você preso em uma gaiola, sem poder andar. Mesmo se recebesse água, comida e cuidados médicos, você iria gostar?

Muita gente rica e famosa adorava aparecer com seus pássaros de estimação. O *Late show* tinha um quadro com celebridades e seus pets. No começo, mesmo não gostando muito, eu fazia as reportagens com qualquer espécie. Quando fui me conscientizando, passei a negar. E dá-lhe saia-justa!

Uma vez, fui até o Rio de Janeiro mostrar os cães de uma jovem cantora que estava estourada na época. Suas músicas eram hits, e sua separação conturbada a deixava sempre na mídia. Para nós, era uma super-reportagem, que certamente daria muita audiência. Fui toda empolgada, pois ela dizia que amava animais.

Assim que chegamos a sua mansão, a surpresa: além dos cachorros, a cantora tinha alguns pássaros exóticos em uma gaiola no quintal. Chamei meu produtor de canto e disse que não mostraria os pássaros, pedi que ele explicasse a ela que isso incentivaria o tráfico. Ela ficou irritadíssima! Disse que eram bem tratados, que eram legalizados, que tinha pagado 30 mil e tal. Expliquei que as pessoas veem o ídolo com um pássaro e querem igual, mas, como não têm 30 mil reais, vão comprar na feira do rolo por 100... Não adiantou muito. Ela fechou a cara e, antes de começar a gravar, pediu licença e foi para um quarto com a assessora, só que esqueceu que estava com o microfone ligado. Reclamou de mim, me xingou. Fingi que não ouvi e nós gravamos a matéria só com os cachorros mesmo.

O lado bom é que outras personalidades começavam a reconhecer e a apoiar meu trabalho. Mostrei um vídeo no qual retiravam a pele dos animais vivos, com a terrível verdade sobre a indústria de peles. Na segunda-feira, o e-mail da emissora toda teve problemas devido à quantidade de pessoas que escreveram para meu programa, sensibilizadas e horrorizadas.

Recebi trabalhos de escola contra o uso de peles, e uma famosa socialite ligou pessoalmente para a produção do programa para declarar que, depois do que tinha visto, não iria mais comprar casacos de pele. Marina de Sabrit foi uma das primeiras personalidades a apoiarem publicamente o meu trabalho.

Na casa da Hebe

O *Late show* tinha um quadro chamado "Animais de bairro". Lembro de estar gravando no Morumbi quando meu produtor me falou:

— Ah, essa é a casa da Hebe!

Eu sabia que ela tinha adotado um cachorro, então resolvi bater na porta da casa dela. Hoje, não sei como tive tanta cara de pau.

Toquei a campainha, expliquei a situação e o porteiro me pediu um minuto. Voltou me pedindo para entrar, só eu, sem as câmeras. E, para a minha surpresa, foi Hebe quem me recebeu.

— Oi, gracinha! Eu não gostava muito de você por causa do *TV fama*, mas comecei a acompanhar o *Late show* e fiquei encantada. Seu trabalho é maravilhoso. Eu amo cachorros, agora amo você também. Vou dar uma entrevista para você aqui em casa e mostrar todos eles. Mas outro dia, não hoje. Anota este telefone e fala com o Claudinho [Pessuti, sobrinho e empresário dela].

E assim foi. Fizemos a festa de aniversário de um dos cachorros dela, o Atrium. Ele tinha sido arrastado pela correnteza e foi salvo pelos bombeiros. Hebe, comovida com a história, o adotou. Por diversas vezes, também entrou em contato com nossa produção para ajudar algum animal mostrado em uma reportagem. Sempre que me encontrava, era uma festa. Ela me convidou para ir ao seu programa. E foi lá que conheci o então prefeito, e mais tarde governador, José Serra. Com a cara de pau de sempre, falei que precisava falar com ele para mudar algumas leis em relação aos animais. Ele me deu seu contato, marcamos uma reunião e, depois dela, foi regulamentada a lei que proibiu os rodeios e os circos com animais na cidade de São Paulo. Graças à Hebe!

A última vez que encontrei Hebe foi por acaso, em um restaurante do bairro dos Jardins. Ela estava com Roberto Justus e vários amigos em um festinha. Eu estava no andar de cima com alguns amigos. Hebe falava ao microfone, acho que era aniversário de alguém, quando disse:

— Tem uma pessoa aqui com um trabalho maravilhoso pelos animais. Por influência dela, eu parei de comprar peles.

Eu me surpreendi e corri para abraçá-la. Li que ela falou sobre isso também — ter deixado de comprar peles — para minha diva Rita Lee. Faz sentido: eu e Rita, ambas ativistas pelos direitos dos animais, éramos próximas à Hebe.

De defensora para defensora

Aliás, outro momento sagrado em minha vida foi quando conheci aquela que sempre foi um dos meus maiores ídolos: Rita Lee!

Por acaso, eu havia sido convidada para uma peça da Preta Gil em homenagem a Rita (*Um homem chamado Lee*, 2006). Eu nem fazia ideia de que Rita iria na mesma noite. E então, no Shopping Pátio Higienópolis, em São Paulo, onde a peça estava em cartaz, entrei no elevador e dei de cara com ela. Fiquei pasma, abobada...

— Rita Lee, sou sua fã... Eu tenho um programa de animais... — soltei, nervosa, entre frases desconexas.

— Eu sei, Luisa Mell. Tô acompanhando e aplaudindo o seu trabalho — respondeu.

Fiquei em choque... Ela sabia o meu nome! Na verdade, todas as vezes que encontro a Rita fico meio abobada. Claro que sempre fui fã das músicas, mas minha admiração vai muito além disso. Ela foi a primeira artista brasileira a defender realmente os animais. Brigou com o rodeio com uma coragem ímpar em uma época em que ninguém ousava falar disso! Colocou seus ideais acima dos interesses econômicos. Me faltam palavras para descrever minha emoção quando ela diz algo bacana para mim. Sou grata. Ela pode nem saber, mas momentos como esses com ela me deram forças para seguir o meu caminho. E os obstáculos e as brigas eram cada vez maiores... Apesar de conquistar a admiração de meus ídolos, também comprei briga com quem amava desde a adolescência.

A guerra contra *América*

Ao longo da minha vida, lembro de alguns momentos nos quais fiquei sem reação. Quando a realidade parecia tão absurda que, estática, eu esperava acordar de um pesadelo. Me lembro bem da primeira vez em que senti isso. Tinha 13 anos. Fazia teatro e sempre fui apaixonada por dança. E, como toda garota nessa idade, eu também tinha meus ídolos. Se anos antes minhas pastinhas de fotos eram dedicadas à eterna rainha Xuxa, agora, um pouco mais crescida, minha paixão era Daniella Perez. Eu a acompanhava em tudo. Imitava a maquiagem, as roupas, o jeito de sambar de sua personagem Yasmin na novela *De corpo e alma* (1992/1993). Como naquela época ainda não havia internet e eu nunca tive muito dinheiro, mas sempre fui de fazer amigos, conseguia que o jornaleiro me deixasse ficar na banca lendo todas as reportagens que saíam sobre Daniella. Lembro de sair da escola e correr para ler as revistas nas quais ela estava na capa. Aguardava ansiosamente a estreia do espetáculo que ela faria junto com seu então marido, Raul Gazola, que misturaria dança e teatro. Sim, eu já guardava moedas para conseguir ter meu ingresso garantido para quando fossem a São Paulo.

Estava me arrumando para ir ao clube com minha mãe e minha irmã quando entrou o plantão jornalístico da TV Globo. E veio aquela notícia. Fiquei paralisada, incrédula. Não conseguia reagir. Tinha certeza de que era mentira, um engano. Passei noites e noites em claro com suas fotos espalhadas pela sala enquanto todos em casa dormiam. E, conforme as notícias do crime que tirou minha estrela deste mundo se revelavam, mais perturbada eu ficava.

Não sei exatamente quantos meses fiquei assim. Desenvolvi uma certa paranoia. Ouvia coisas. Às vezes achava que Daniella iria aparecer para mim, outras achava que iriam me matar também. Não lembro de outra perda — sem ser de alguém próximo — que tenha mexido tanto comigo.

A partir dali, na minha ingenuidade de adolescente, comecei a me identificar com sua mãe, Gloria Perez. Autora de sucesso, eu sonhava com o dia em que iria conhecê-la e contar tudo o que sofri também. E nós nos abraçaríamos. Mas a vida me reservou mais uma grande surpresa.

No auge do *Late show*, no momento em que eu já descobria e denunciava todos os abusos aos quais os animais eram submetidos em nossa sociedade, veio a notícia: a próxima novela das oito falaria sobre rodeio. Todas as ONGS de proteção animal entraram em pânico. Uma novela das oito da TV Globo exaltando o rodeio seria uma tragédia.

Vídeos e mais vídeos de toda a crueldade e covardia por trás daquele espetáculo de horror chegavam até mim diariamente. Quanto mais eu estudava o assunto, mais horrorizada ficava! Como alguém é capaz de chamar de esporte aquela tortura?

Lembro de fazer uma reportagem com um bezerrinho e sua mãe em um santuário. Ela o lambia, ele a lambia. Ele mamava, eles se aconchegavam... Como qualquer mãe com seu bebê. Um bebezinho de 40 dias que é jogado em uma arena para um homem em cima de um cavalo em alta velocidade laçá-lo, derrubá-lo, amarrar suas patas!

— E esse covarde é chamado de herói!? — eu gritava, em rede nacional, ao falar da prova do laço.

Participei de vários debates com os defensores de rodeio, que insistiam em alegar que não eram maus-tratos. Mas era só eu desafiá-los a fazer sem o sedém, aquela "cinta" que aperta os animais, que machuca e incomoda, que eles me xingavam e fugiam da discussão. Não existe rodeio sem sedém. Não existe rodeio sem crueldade! Bois e cavalos só pulam daquela maneira porque estão incomodados. Sentem dor. Querem se livrar do sedém. Estão desesperados, e as reações de saltar e corcovear se devem ao uso de instrumentos que comprimem regiões sensíveis como a virilha e os órgãos genitais. Como se não bastasse tudo isso, antes de o "espetáculo" começar, os animais são provocados. Muitos recebem choques, outros são atingidos com areia nos olhos, além de outras centenas de práticas que significam crueldade para quem consegue ter um mínimo de compaixão pelos animais e não visa apenas o próprio lucro.

Para piorar, eu soube que a novela seria escrita por Gloria. Um misto de emoção, decepção e esperança invadiu meu coração. Gloria sempre foi ligada a causas sociais. É uma mulher guerreira. Pensei: se conseguirmos explicar bem, tenho certeza de que ela vai abordar a crueldade na novela e conseguir abrir os olhos das pessoas.

Uma ONG conseguiu falar com a autora e me passou o seu contato. Ela aguardava meu telefonema. Rezei, chorei, pedi para São Francisco iluminar minhas palavras. Liguei. Falamos rapidamente. Senti que ela foi seca, mas eu, com o coração cheio de emoção, expliquei sobre o sofrimento dos animais, falei sobre como ela poderia ajudar, argumentei a respeito da força que tem uma novela. Ela ficou de nos receber dali a um tempo, prometeu pensar em ter um núcleo sobre protetores dos animais.

Mas ao vivo, enquanto apresentava o *TV fama*, descobri que ela tinha abortado a ideia. Que só iria falar do lado "festivo" do rodeio. Evidentemente, não me contive. Ali, ao vivo e muito dolorida, em rede nacional, contei que tinha sofrido uma decepção com a Gloria Perez. Entre outras coisas. Eu não tinha limites, não media as palavras. Minha luta estava à flor da pele.

Para meu desgosto, comprei uma briga pública com alguém que sempre amei e respeitei. Me envolvi em confusões com grandes anunciantes que apoiam o rodeio. Certamente, ali, eu começava a destruir minha carreira de apresentadora. Mas já era tarde para pensar nisso. Os animais eram minha prioridade, e eu tinha certeza de que a luta já era maior que eu, bem mais importante que minha própria história.

A briga com o rodeio foi longa. Ela ainda existe. Lançamos uma grande campanha, cujo lema — *Eu não me divirto com a dor dos outros* — estampava nossas camisetas. Lembro de milhares de pessoas no Masp, na avenida Paulista, gritando conosco palavras de ordem contra o rodeio. Foi lá que fiz meu juramento público de lutar até o fim dos meus dias pelos animais. E eu tinha certeza de que poderia demorar o tempo que fosse, mas o bem venceria. Em 2006, a prova do laço foi proibida em Barretos; mesmo assim, ainda há tantas outras que continuam a atormentar os animais e a enriquecer aqueles que não se importam nem um pouco com a dor deles.

Quando a novela estava no ar, acabei me tornando amiga de um dos atores da trama. Depois de meu posicionamento na TV, ele brigou comigo. Disse que eu deveria respeitar a Gloria e que não a conhecia. Alegou que os rodeios não eram como eu pensava. Enfim, aquele papo de quem tem interesses próprios ou de quem ainda não está pronto para enxergar a verdade.

Fato é que, anos depois, esse ator e eu nos reencontramos em um evento. E, para minha surpresa, ele disse que gostaria de falar comigo. Me chamou em um canto e contou que tinha sido pago para fazer presença em um rodeio e que viu com os próprios olhos a tortura no brete. Disse que presenciou chutes e choques. E que se lembrou das minhas palavras, e então me pediu desculpas. Eu só pude chorar. Desculpei-o, é claro. Sempre desculpo e aplaudo quando conseguem enxergar algo tão urgente. É para isso que vivo e luto tanto.

Eu entendo que, muitas vezes, as pessoas não estão prontas para enxergar. Algumas coisas são tão enraizadas em nossa sociedade que somos levados a acreditar que são normais! Mas covardia, maus-tratos e crueldade não podem ser normais! Independentemente de quem é a vítima. Do fundo do meu coração, sempre rezo para que todos com quem um dia entrei em conflito pelos animais entendam que não é pessoal. Não é uma briga de egos. É simplesmente por amor e compaixão por aqueles que não podem se defender. Ainda espero meu encontro com Gloria. Rezo para que ela entenda a profundidade e a razão das minhas palavras.

Gloria, eu ainda sonho com o nosso abraço.

Bem antes de *Blackfish*

Sempre fui apaixonada por golfinhos, nem sei explicar por quê. Eu tinha golfinhos de pelúcia, amava ver filmes com eles. Já tinha lido que eram os "cachorros do mar", no entanto, nunca tinha visto nenhum pessoalmente e, claro, sonhava em nadar com eles.

Passei a infância vendo famosos nadando e dando beijinhos naquelas fofuras e tinha certeza de que um dia chegaria a minha vez. E chegou. Em 2004, meu então namorado tentou fazer uma linda surpresa e me deu de presente de aniversário uma viagem para Miami para nadarmos com os golfinhos do Seaworld. Na hora em que soube, achei que seria o dia mais feliz da minha vida.

Não foi. Foi um dos piores aniversários que tive. Odiei a experiência. Tentei sorrir para não magoar quem tinha me dado o presente, mas só sentia vontade de chorar. Pude ver nos olhos deles a infelicidade de quem é aprisionado. Ao lado da piscina em que ficavam presos, estava o oceano onde deveriam estar. Porém, por causa de pessoas idiotas como eu, ficavam aprisionados em tanques durante toda a vida. Fazendo truques patéticos em troca de comida.

Se nos filmes e nas séries de TV parecia que os golfinhos se divertiam dando saltinhos, na realidade eles estavam esfomeados, e a única maneira de, nos parques, conseguirem alimentos era fazer o que os seus capatazes humanos ordenavam.

A escravidão e a exploração estavam ali, na minha cara, mas eu não tive plena consciência na hora. Tive um sentimento ruim. Hoje é tão claro e evidente que chego a ter raiva de mim mesma. Sei que, dois anos depois daquele infeliz aniversário, fui para Fernando de Noronha fazer reportagens. Junto ao especialista que coordenava a área de preservação dos golfinhos, fui ao encontro deles no mar. Apelidei o especialista de Zé Golfinho. Ele, ao perceber minha empolgação, me alertou:

— Pode ser que passem bem rápido por nós. São livres, fazem o que querem. Você não pode, de jeito nenhum, encostar neles.

Então eles chegaram. Felizes, alegres e livres! Com suas famílias e com todo o encantamento dos animais que têm uma vida livre e feliz. Para espanto do especialista, ficaram uma hora e meia nadando ao nosso redor, indo e voltando.

— Nunca vi, em todos estes anos, eles ficarem tanto tempo perto de alguém. Acho que gostaram de você!

Eu chorei. Chorei de emoção e gratidão por aquele momento. Chorei por minha ignorante experiência no Seaworld. Chorei por todos os golfinhos, baleias e outros animais marinhos que são capturados de suas famílias para levar uma vida de confinamento e escravidão.

Anos depois, um documentário chamado *Blackfish* chocou o mundo ao retratar a maneira cruel como baleias e golfinhos são tratados nesses parques. Movimentos no mundo inteiro pedem boicotes a esse show de horror. Apesar de o público desses parques estar diminuindo, todos os anos milhares de bebês golfinhos são arrancados da companhia de suas mães para servirem de atração em "shows", aquários e afins.

Clodovil, inimigo de si mesmo...

Devo dizer, antes de mais nada, que fui uma das apoiadoras da contratação de Clodovil pela RedeTV!. Eu o achava inteligente, engraçado e polêmico, mas conviver com ele foi uma experiência triste. Agredir, humilhar e desdenhar das pessoas parecia ser seu estilo de vida.

Logo que foi contratado, eu o entrevistei para meu programa. Muito emocionado, Clodovil me contou que seus cachorros tinham leishmaniose, que é uma zoonose perigosa para os humanos. Na época, e ainda hoje em nosso país, muitos cachorros são sacrificados depois de terem sido picados pelo mosquito que transmite a doença. Clodovil se recusava a matar seus peludos e é óbvio que conquistou minha simpatia com essa atitude. Importante ressaltar que na maioria dos países não se sacrificam os animais que têm leishmaniose, eles são tratados.

Acontece que Clodovil era imprevisível e muitas vezes se tornava agressivo com quem estava a seu redor. Deu uma festa de aniversário em sua famosa mansão em Ubatuba, no litoral de São Paulo. Convidou todo o elenco e a direção da emissora, e quase ninguém compareceu. Mas eu fui. Viajei três horas para ir ao aniversário dele. Quando cheguei lá, ele descontou em mim toda a sua decepção com a ausência dos demais. Me tratou mal, foi extremamente grosso e mal-educado. Não fiquei nem meia hora na festa. Depois de mais uma humilhação, decidi ir embora, mesmo tendo que viajar mais três horas para voltar para casa.

No dia seguinte, ao vivo em seu programa, reclamou dos diretores da emissora, entre eles o meu então namorado. Estava indignado por não terem ido à festa e por terem lhe dado de presente uma caneta, que era daquelas caríssimas, uma Montblanc, de gente chique, mas ele detestou e esbravejou no ar. E não eram só os patrões que ele xingava em seu programa. Todos os dias sua insatisfação sobrava para alguém. Lembro do meu ex-namorado vermelho de tão nervoso, gritando ao telefone, depois que Clodovil tinha xingado Luciana Gimenez no ar. Além de uma das mais conhecidas apresentadoras da casa, ela era namorada do vice-presidente da emissora.

Do meu camarim, cheguei a ouvir Clodovil e Luciana discutindo algumas vezes no corredor. E ele não parava... Todo dia era alguma confusão por causa de sua língua afiada e maldosa.

Marta Suplicy, na época prefeita de São Paulo, foi uma das agredidas. Clodovil a chamou de "idiota", "inútil", "desocupada" e "perua que teve sorte". Logo em seguida, Clodovil xingou de ladrão, ao vivo em seu programa, o dono da Rede Bandeirantes de Televisão. Depois desses episódios, meu ex-namorado decidiu que o programa dele não seria mais exibido ao vivo, e ainda alertaram Clodovil de que da próxima vez que fizesse algo do tipo seria demitido. E, claro, não demorou nada para surgir uma próxima vítima. Fui eu.

Era janeiro de 2005, eu me maquiava no quarto do hotel Casagrande, no Guarujá. Durante a temporada de verão, os programas da RedeTV! eram transmitidos diretamente da praia naquele balneário. Recebi um telefonema de uma amiga jornalista que me contou a confusão que tinha acabado de acontecer durante a gravação do programa do Clodovil. "A Luisa Mell vai ser a nova Rita Cadillac. Quando ficar velha, só lhe restará ser estrela de filme pornográfico", disse Clodovil na gravação do seu programa.

Logo em seguida, recebi um telefonema do meu então namorado, que estava nos Estados Unidos. Enlouquecido, ele estava decidido a demitir Clodovil. "Ele não respeita ninguém. Não tem limites, não tem educação. Os patrocinadores estão se recusando a continuar no programa depois das suas confusões diárias e públicas. E eu não vou ficar pagando salário para ele ficar agredindo as pessoas, muito menos você". Assim, Clodovil saiu da RedeTV!. Mas permaneceu na minha vida.

Nos primeiros meses após sua demissão, ele me xingava aos quatro ventos. Sobrou para mim toda a sua fúria ao ser demitido. Se já me xingava e agredia sem motivo nenhum, imagine com um motivo? Ele sabia ser cruel, e a mídia adora grandes confusões com famosos. Fiquei no olho do furacão por meses.

Clodovil ficou doente. Eu soube pela imprensa que ele estava com câncer de próstata. E foi no teatro Frei Caneca, em São Paulo, onde eu me apresentava como Cinderela em uma peça infantil que me deu muitas alegrias, que nos reencontramos. Quase não acreditei quando, depois de um espetáculo, me disseram que ele estava na plateia e queria falar comigo.

Eu o atendi.

Ele, muito abatido, me contou que estava doente.

— Não quero levar essa culpa. Eu não tinha nada que brigar com você, Luisa. Às vezes a gente erra, me desculpe.

Eu o desculpei, claro. Nos abraçamos. Tiramos fotos. Pedi o endereço dele para mandar livros de cabala. Ele me deu dicas para comprar uns apliques de cabelo. Foi a última vez que nos vimos.

Logo depois, ele desmentiu a notícia na mídia. Falou que não pediu desculpas nada e que não foi à peça na qual eu fazia a protagonista por minha causa. Disse ainda que eu inventei essa história para aparecer. Mesmo assim, mandei os livros. Não dava para levar o Clodovil a sério... Ele mesmo era seu maior inimigo.

Nota: Gostaria de ressaltar meu carinho e respeito pela Rita Cadillac. Cada um tem seu caminho, seus desafios, dores e amores. Rita não teve uma vida fácil e sempre foi uma guerreira. Com as pedras que jogaram nela, construiu seu castelo. Anos depois da declaração de Clodovil, descobri que nós realmente temos muitas coisas em comum: ela também tem verdadeira paixão pelos seus animais e os trata como filhos.

Chora, Luisa Mell

Nas ruas, eu era chamada de menina dos cachorros, mas, na internet — onde as redes sociais começavam com o Orkut — e em vários veículos da imprensa, as piadas eram sobre minha emoção desenfreada. Eu chorava pelos animais na frente das câmeras. Na época, causava um espanto generalizado. Se no início do programa ainda era vergonhoso chamar cachorros de filhos, imagine se debulhar em lágrimas por eles?

Recaíam sobre mim todos os tipos de gozações e desconfianças. Diziam que era encenação. Se achavam que eu chorava muito na frente das câmeras, não imaginavam o quanto eu chorava por trás delas.

A cada vídeo, a cada documentário que eu assistia, mais chocada eu ficava. Foi, e ainda é, muito difícil lidar com tanto sofrimento e com tanta desgraça aos quais os animais são submetidos. Na época eu oscilava entre a tristeza pelo que descobria e a esperança de conseguir mudar tudo.

Entretanto, ficava cada vez mais difícil e doloroso lidar com tanto sofrimento e ao mesmo tempo com a minha sensação de impotência. Comecei a passar mal, muito mal, diariamente. Sentia dores absurdas na barriga. Fazia exames e mais exames. Nos intervalos das gravações, eu vivia em médicos. Me reviraram pelo avesso. E não descobriam a causa. Eu apelava para todos os métodos alternativos. Lembro de dias em que ficava com argila na barriga pois alguém tinha me dito que melhorava. E não parava de trabalhar. Muitas vezes pedia um tempo na gravação por não aguentar de dor e logo retornava.

Quem eu precisava me tornar não cabia mais em quem eu era. A vida que eu levava entrava em conflito com o que eu descobria. Eu queria mudar o mundo, mas antes precisava mudar a mim mesma.

Ou você muda de vida ou vai ter um câncer

Consegui um horário com um dos maiores especialistas em estômago de São Paulo. A consulta foi confusa. Além de falar das minhas dores e sintomas, o médico começou a me fazer perguntas pessoais.

— Eu sofro por ficar longe dos meus cachorros, não aguento mais essa situação, e me sinto mal por ainda comer peixe, sendo que já sei que tenho que virar vegetariana. Meu relacionamento está me consumindo e eu não consigo resolver...

O médico foi enfático.

— Ou você muda de vida ou vai ter um câncer.

Saí de lá decidida. Não iria ter um câncer.

Lembro do barulho dos fogos na noite do réveillon de 2004 para 2005, em Angra dos Reis. Eu estava nos braços de meu namorado, ainda existia afeto, mas já sentia que aquele seria o nosso último ano-novo juntos.

E foi.

Em março de 2005, me separei do meu companheiro de cinco anos sem maiores explicações. Meses depois, soube pela mídia que ele estava com outra pessoa. E eu já estava na minha casa nova, com meus cachorros, totalmente vegetariana e... sem dores no estômago!

Os Marleys em casa

Lembro exatamente do dia em que levei Mickey e Gisele para nossa casa. Quando chegaram, ficaram felizes. Mas só depois de alguns dias perceberam que não iam mais embora, que não seria apenas uma visita de final de semana.

Existem certas coisas que não consigo descrever. Mas eles souberam. O olhar deles de gratidão. O amor que transbordava. A alegria de quem sai do abandono. A felicidade que pode ser tocada. Certamente, apenas quem tem ou já teve uma relação profunda de amor e de afeto com qualquer animal será capaz de compreender.

Com Mickey e Gisele eu me tornei mãe. Com eles, conheci a minha melhor versão. Por ironia do destino, os animais é que me fizeram mais humana. Eu pensava primeiro neles. Nunca, em toda a minha vida, havia me sentido tão amada, tão importante para alguém. Eles me seguiam por todo canto. Pareciam dois anjos me protegendo. Nunca mais fui ao banheiro sem companhia. Por maior que fosse o quintal ou a sala, eles estavam sempre onde eu estivesse. Me amavam, me protegiam. E a Gisele trazia aquela bolinha mil vezes!

É evidente que uma separação não é fácil para ninguém. E comigo não foi diferente. Mas confesso: comecei curtir a vida adoidado! Minha casa era uma festa. Sempre que eu chegava do trabalho, minhas amigas (Flavia, Luciana, Carol e Francine) já estavam lá me esperando.

Eu, que já apresentava dois programas de TV, ainda havia começado a fazer a peça de teatro infantil — *Cinderela*, aquela a que Clodovil foi assistir — que me trouxe muitas alegrias. Ser a princesa sonhadora manteve meu coração repleto de ternura e de romantismo mesmo em uma fase tão dura.

Na minha playlist, Charlie Brown Jr. dominava a área. Desde a adolescência sempre fui muito fã do grupo, especialmente do Chorão, o vocalista.

Com os privilégios de ser conhecida, consegui ingresso para um show de uma rádio no qual eles se apresentariam. A área vip era um cercado na frente, colado no palco. No meio de uma das músicas, Chorão olhou pra mim e riu. E se arriscou em um rap meio estranho sobre cachorro. Será que ele me conhecia? Gostava de animais?

Pouco tempo depois, uma equipe do *TV fama* ia fazer uma entrevista com o grupo. Pedi para falarem o quanto eu era fã deles. Dias depois, toca o telefone do meu camarim:

— Luisa Mell? Aqui é o Chorão.

Fiquei muda, mas logo nos tornamos amigos próximos. Chorão me contou que, com sua mulher, ele tinha resgatado dois gatos de rua, que assistiam sempre ao *Late show* e que admirava muito o meu trabalho. Mas ainda tinha a melhor parte, a melhor surpresa:

— Bom, eu fiz uma música que acho que você vai gostar. Vou gravar agora para o meu próximo CD. Posso antes cantá-la para você?

Até hoje não acredito que vivi um momento tão mágico... A música era maravilhosa. "Ela tem força, ela tem sensibilidade, ela é guerreira (...) é mulher de verdade. É daquelas que tu gosta na primeira, se apaixona na segunda e perde a linha na terceira, ela é discreta e cultua bons livros e ama os animais, tá ligado eu sou o bicho".

— Você gostou? — ele perguntou.

— Amei! — foi o que consegui dizer.

— Bom, vou gravar agora que estão me esperando. Nos falamos.

Tirando a parte do "discreta", era realmente a minha cara. Sei que ali nasceu uma curta e profunda amizade. Apesar daquele tamanhão e de ter se metido em algumas confusões (quem nunca?), Chorão era uma pessoa incrível, com um grande coração. Ele não passava por uma fase fácil, tinha acabado de se separar dos antigos parceiros do Charlie Brown. Apesar do jeito durão, sentia muita falta dos companheiros e sofria com tudo o que tinha acontecido. Me contou que estava longe das drogas, mas mergulhado nos antidepressivos. Parecia uma criança ao me contar que tinha gravado com o Otto. Estava muito feliz com a parceria. Não tinha celular. E não queria ter!

— Pô, perdi um puta contrato com uma operadora depois de falar que não tinha celular — contou, aos risos.

Era solidário. Comprou 600 ingressos da peça que eu fazia para uma instituição de crianças carentes. Chorava com meus resgates, mas tirava sarro do meu vegetarianismo.

— Você é vegetariana. Eu não sou carnívoro. Sou canibal mesmo — dizia, gargalhando.

O CD que ele estava gravando foi lançado, e, além da "minha música", muitas outras falavam de luta e de superação. Eu, que começava a sentir os efeitos da minha separação na vida profissional, ouvia o disco dia e noite para me fortalecer.

Fiz algumas reportagens incríveis com Chorão para meus programas. Na época, ele sofria com as críticas à separação da banda por uma parte da imprensa. Comigo, se sentia seguro e falava sobre tudo. A última vez que nos vimos foi na inauguração da tão sonhada pista de skate em Santos.

Anos depois, veio a notícia de que ele tinha sido encontrado morto em seu apartamento. "Parecia inofensiva, mas te dominou." Essa frase é de um dos primeiros sucessos da banda. Na época em que a música foi lançada, eu ainda estava na faculdade e não entendi do que se tratava. Mas meus amigos me explicaram: a branca, a cocaína. Nunca experimentei. Tenho pavor. Afinal, ela levou meu amigo e destruiu minha banda nacional preferida.

O furacão continua

Um ano depois da minha separação, achei que as coisas estavam entrando no eixo. Eu tinha uma turma bacana de amigos, estava morando em uma casa agradável com meus amados filhotes. O programa crescia a cada dia, dava uma ótima audiência para o horário e para a emissora e contava com patrocinadores fixos que tinham dobrado suas vendas com a participação no *Late show*.

Mas começamos a sofrer com constantes diminuições na verba de produção. Despediram quase toda a equipe, e quem ficou trabalhava com raça e amor. Mesmo sem o salário da emissora, minha mãe ajudava dia e noite no programa. Quanto mais cortavam, parecia que um milagre acontecia e mais audiência a gente ganhava, mais personalidades apoiavam nosso trabalho.

Introduzi no programa uma parte importante sobre meio ambiente, e conseguimos um novo cenário totalmente de graça. Viajamos pelo Brasil inteiro sem custos para a emissora. Assim, fizemos matérias na Amazônia, em Fernando de Noronha, no Maranhão, em toda a Bahia e no Sul do país. Até reconhecimento internacional o programa conquistava, fomos para a Costa Rica a convite de uma ONG internacional para o lançamento de uma campanha mundial para a Organização das Nações Unidas, a ONU. No entanto, as coisas não eram fáceis dentro da emissora... a ponto de eu ir a um evento deles e ver *foie gras* sendo servido nas mesas...

Eu estava mergulhada em meus estudos da cabala, então fazia de tudo para não reagir, não responder a provocações. Normalmente, sou intensa em tudo o que faço. Com a cabala, não foi diferente. Além das aulas semanais, eu ainda frequentava vários encontros mundiais do Kaballah Center.

Meu ex me ligava de vez em quando, negando qualquer perseguição. Dizia que era corte de custos mesmo. Eu sentia algo muito ruim. Antes de sermos namorados, éramos muito amigos. Por dois anos fomos apenas amigos, depois é que moramos juntos por cinco anos. Era difícil, mas ele parecia estar se tornando um estranho para mim.

2008: o fim de uma era

Lembro de assistir ao *CQC* tirando o maior sarro de mim. Com cenas em que aparecia emocionadíssima, eu entrava no "Top Five" deles. No auge do programa, comandado na época por Marcelo Tas, Rafinha Bastos e Marco Luque, eles elegiam os cinco piores momentos da TV na semana. E lá estávamos eu e o meu *Late show*.

Sou filha de humorista. Meu pai foi redator de programas históricos da televisão brasileira, como *Planeta dos homens*, *Viva o gordo* (Jô Soares), *Os trapalhões*... Então, sempre levei com muito bom humor todas as gozações que sofri e ainda sofro! Apesar das piadinhas, estava lá, anunciada para um grande público, uma das maiores vitórias da minha vida.

Explico: desde a primeira gravação do *Late show*, quando entrei naquele corredor gelado e com cheiro de morte, ansiei por aquele momento. Olhando dentro dos olhos dos cachorros que iriam ser covardemente assassinados, eu jurei. Prometi lutar com todas as minhas forças para mudar a triste realidade dos animais de rua capturados pela carrocinha. E, depois de seis anos, eu havia conseguido. E ainda não podia acreditar.

Lembro do dia, da reunião, do cheiro do café no Palácio do Governo do Estado de São Paulo. O então Governador José Serra ouviu com atenção minhas reivindicações, que não foram poucas. Pedi a ele ajuda para acabar com aulas cruéis que utilizam animais vivos, e ele me encaminhou para José Aristodemo Pinotti, Secretário Municipal de Educação. Chegamos a fazer diversas reuniões, inclusive com a diretoria da Universidade de São Paulo. Mas minha grande conquista mesmo, naquele dia, foi em relação aos covardes assassinatos que aconteciam diariamente nos CCZs do Estado de São Paulo.

— Os animais resgatados das ruas são sacrificados em três dias. Está comprovado que esse método de controle populacional, além de cruel e antiético, é ineficaz. Esterilizar é mais eficiente e mais barato! — afirmei.

Eu sabia que Serra é matemático, adora números... Então, fui munida, me utilizei desse recurso para convencê-lo. No momento em que ele olhou as contas e percebeu que tinha razão, que castrar era mais barato que a eutanásia, se convenceu.

Assim, na minha frente, no Palácio do Governo, José Serra regulamentou a lei do deputado estadual Feliciano Filho, que proibiu a eutanásia de animais sadios em todos os CCZs do estado. Eu estava lá quando ele assinou. E, quando fui fazer uma reportagem sobre a nova lei no *Late show*, não consegui conter a emoção. Desde o dia do juramento, tanta coisa tinha acontecido. Muitas lutas, grandes transformações pessoais e profissionais. Senti o gosto da vitória, da conquista. Comemorei, chorei, rezei, agradeci... Milhões de cães e gatos seriam salvos da pena de morte a partir daquele momento. E foram.

Eu sabia que era só um primeiro passo. Mas era um *grande primeiro passo*. Se no começo do *Late show*, na época do juramento, eu ainda era ingênua em relação a toda a causa animal, ali já não era mais. Sabia que minha missão era muito maior. E a emoção de salvar algumas vidas... Ah! Não tem preço. Me emocionei, sim. Chorei, sim. E não me importava, em nada, se pessoas que ainda não tinham sido tocadas pela dura realidade dos maus-tratos contra os animais fizessem piada comigo.

Mãos ao alto, SP!

Paralelamente ao programa, eu retomava minha carreira no teatro. Substituí a atriz Regiane Alves em um espetáculo estrelado por Marcos Mion e grande elenco. Mas foi na saída de outra peça, na qual eu fazia uma participação, que uma tragédia bateu à minha porta.

Eu estava começando um namoro com um ator conhecido. Saí do espetáculo e segui para a casa de amigos que me aguardavam junto dele. Só que eu nunca cheguei. Estava perto da casa do Morumbi que seria o meu destino. Sozinha no carro, eu seguia as orientações do Fred, nome que dei ao meu GPS na época — não, não existia o Waze. Só que Fred me enganou. Ele me mandou entrar à esquerda. Comecei a seguir a orientação quando percebi que era uma conversão proibida, e a tragédia já estava em curso. Em alta velocidade, uma moto vinha em minha direção. Não encostou no meu carro, mas bateu na calçada. E, como estava muito rápido, foi fatal.

Parei o carro e desci assustada. Vi um moço consciente reclamando de dor na perna. Liguei para a emergência. Fui até ele:

— Calma, estou aqui. Como você está?

— Tô com muita dor na perna... mas e a Bruna?

— Bruna? Quem é Bruna? — Achei que ele estivesse delirando. Não.

— Ela estava na garupa! — ele gritou, para meu desespero.

Lembro de correr alguns metros e encontrar uma menina caída. Tentei falar com ela, que não respondeu. Eu sabia que ela não poderia ser movida enquanto o socorro não chegasse. E parecia não chegar nunca. Liguei de novo e nada. Resolvi apelar. Liguei de novo e me identifiquei como Luisa Mell, disse que chamaria a televisão e a imprensa se eles não fossem imediatamente. Eu estava desesperada.

Parecia um pesadelo. Assim que a ambulância os levou, segui para a delegacia junto com meu namorado e com um advogado amigo dele. Fui para o Hospital das Clínicas. Me apresentei para as famílias. Me coloquei à disposição. Choramos juntos. Ele iria operar a perna. Conversei com os médicos. Coloquei minha médica de confiança em contato. Com o rapaz, tudo corria bem, na medida do possível em uma situação como aquela. Mas Bruna estava em coma. E eu, com minha fé inabalável, tinha certeza de que ela acordaria a qualquer momento. E não media esforços para isso. Rezava dia e noite. Ia ao hospital todos os dias.

Logo a notícia vazou para a imprensa, certamente por eu ter me identificado ao telefone, mas não me importei. Só queria salvá-la. Tinha certeza de que o milagre iria acontecer. Mas não aconteceu. Eu, que me orgulhava de salvar vidas, que dedicava minha existência a isso, seria a responsável por tirar a vida de alguém?

Não desisti. Me apeguei ainda mais à minha fé. Acordava às 4 da manhã diariamente para rezar com um rabino dos Estados Unidos pelo telefone. A cabala acredita no poder de sair da zona de conforto. Então, lá estava eu, religiosamente, todos os dias, para rezar com ele. Seguia em frente. Eu precisava tentar mudar aquela desgraça. Recebi um telefonema da alta direção da emissora, apenas para saber se eu tinha me ferido.

Parei de dormir... No tantinho que conseguia, era aterrorizada por pesadelos sobre a noite que deveria nunca ter existido. Revivi o momento do acidente tantas vezes, sonhando e acordada.

Cheguei a ver minhas duas avós já falecidas no banco de trás do carro. Talvez fosse a explicação para o fato de a moto não ter encostado no meu carro, eu delirava. Sempre fiz doações para entidades, mas naquela época doava muito mais do que podia. Eu acreditava que qualquer esforço me ajudaria a realizar o milagre.

Nesse momento é que surgiu a história da minha "amizade" com Madonna, tão divulgada na imprensa. Essa amizade nunca existiu, infelizmente. Madonna entrou em contato comigo para pedir doações para um projeto social na África, certamente porque eu constava da lista de grandes doadores do Brasil para projetos sociais. Doei para o projeto dela também e para muitos outros com crianças, contudo nada aliviava minha dor e meu sofrimento.

Muito menos o da família da vítima. Eu tentava atender a todos os pedidos deles, mesmo com meu advogado dizendo que as coisas não eram dessa forma.

— Eles entraram com um processo. Você tem que resolver as coisas na justiça, não tem jeito — ele dizia.

No fundo do poço tem...

Dois meses antes do acidente, o jurídico da emissora tinha entrado em contato comigo para tratar da renovação do meu contrato. Eu já tinha assinado, aguardava entregarem minha via assinada pelo meu ex-namorado. Mas, no meio de toda essa tragédia, esqueci completamente do assunto.

O patrocinador do programa tinha contrato até o final do ano e nós estávamos em julho, então nem me preocupei. Viajei para fazer reportagens. Durante três dias, explorei as mais exóticas cavernas e fiz reportagens sensacionais sobre morcegos. Estava com um material inédito e incrível. Quinta-feira era o dia em que íamos gravar no estúdio. A gravação correu bem. Eu voltaria na sexta para assistir à edição das matérias da viagem. Mas isso nunca aconteceu. Nunca assisti àqueles vídeos. Nem eu nem ninguém.

Eu estava na capa de revistas de celebridades por causa do meu namoro. Isso até seria bom para a carreira de alguns artistas, mas para mim...

— Luisa! Tudo bem? — disse Mônica Pimentel, então diretora artística da emissora.

— Oi, Mônica. Ah, mais ou menos, né? Estou chegando aqui no advogado... Ainda sobre o acidente.

— Então, nós resolvemos acabar com o *Late show*. Já estou dispensando a produção — ela informou.

Fiquei estática...

— Mas...

— Já está resolvido. Neste domingo já não vai ter o programa...

— Nem o que já está gravado? Material inédito...

— Desculpe. Não tem jeito. Você sabe, eu cumpro ordens.

Depois de cinco minutos, toca o telefone novamente.

— Irmã! Eles dispensaram todo mundo. Não deixaram nem

pegarmos as coisas no computador! — contou Marcela, que tinha se tornado minha diretora de externas.

Sempre acreditei que no fundo do poço tinha uma mola, mas naquele momento descobri que no fundo do meu poço tinha um buraco ainda mais fundo.

O dia seguinte

Entrei em negação. No dia seguinte à demissão, eu tinha um encontro com amigos e o meu namorado em um bar. Fui. Não contei nada. Nem uma palavra. Até que um fã veio comentar um quadro do programa que fazia muito sucesso na época, chamado "Meu cão é terrível". Fui ao banheiro e não suportei a dor. O choro me dominou. Uma das amigas me encontrou naquele estado.

— Meu Deus! O que fizeram com você?

— Não consigo falar...

Nós nos abraçamos.

Só na manhã seguinte contei para meu namorado. Um namoro de dois meses com um acidente trágico no meio e uma demissão. E ele já estava embarcando para trabalhos em outras cidades e não teve tempo nem disposição para me apoiar. E meus problemas só estavam começando.

Mais de cem cachorros resgatados por nós estavam internados em clínicas veterinárias parceiras do programa. Com o fim do *Late show*, eles não tinham mais interesse em ajudar. Precisávamos retirar todos os animais logo. Para piorar, como nossa produção teve que sair às pressas, os contatos foram todos perdidos nos computadores da emissora. A mídia estava atrás de mim, queriam saber detalhes sobre minhas tragédias pessoais. Eu não tinha forças para nada. Até que um convite inesperado me encheu de esperança.

Gugu Liberato, que ainda apresentava seu programa aos domingos no SBT, me convidava para participar e mostrar todo o meu trabalho. Fiquei na dúvida, mas logo percebi que era a nossa chance. Começamos a preparar um enorme feira de adoção. Com a divulgação no programa do Gugu e a audiência que ele tinha, certamente seria um sucesso. Mostramos nosso trabalho, falamos da feira. Quando cheguei ao evento de adoção, fui ovacionada por centenas de pessoas. Abraços, mensagens de apoio e carinho e quase todos os animais adotados! O que mais eu poderia querer? Meu programa de volta. E todos acreditavam que eu iria para o SBT. Realmente, eu estava negociando um quadro no programa do Gugu. Fiz várias reuniões, criei dezenas de pautas e estávamos em busca de patrocinadores. Quase fechamos contrato umas dez vezes. Mas tudo conspirava contra. Uma série de acontecimentos inexplicáveis adiava nossa estreia.

A noite mais longa

Muitas pessoas, principalmente mulheres, enfrentam algum tipo de crise com a chegada dos 30 anos. Eu enfrentei todas juntas. Sem emprego, sem filhos, sem namorado, com um processo criminal e civil, dois cachorros gigantes e sem saber onde iria morar com eles. Como meus pais e minha irmã trabalhavam comigo no *Late show*, a situação não era nada fácil, pois todos ficaram desempregados ao mesmo tempo.

No dia em que completei 30 anos, conheci o inferno. Mas à noite resolvi me divertir e, junto com minha irmã e alguns amigos, fui para um karaokê no bairro da Liberdade. O álcool parecia a minha salvação. Pelo menos durante a noite mais longa da minha vida. E durante muitas outras que vieram depois. A bebida fazia tudo parecer mais engraçado; eu ria da minha própria tragédia. Mas todos sabem do fim de quem vai por esse caminho, e, confesso, foi graças à vaidade que não me arruinei por inteiro. Nunca parei de fazer ginástica, o que me ajudava a manter uma rotina pelo menos um pouco saudável.

Só que eu passei dias e dias sem sair da cama. Começava a ter problemas com a comida, por enquanto nada sério. Tinha alguma esperança de que tudo fosse dar certo. Então, ainda me mantinha em pé.

Já estava perto do final do ano, e minhas negociações com o Gugu ficaram para o ano seguinte, assim como todos meus outros projetos. Me convenci de que era melhor assim. Finalmente aquele ano terrível acabaria, e em 2009 minha sorte mudaria.

Um pouco antes do réveillon, fui a um evento em Natal, Rio Grande do Norte. Hotel maravilhoso, tudo pago, festas com as melhores bandas e tal... Como todos aguardavam meu "retorno triunfal", eu acabava sendo convidada para tudo e era assediada pela mídia com a inevitável pergunta: "Quando você volta para a TV?".

Levei minha melhor amiga, Josie, comigo. Assim que chegamos, resolvemos tomar um banho de mar. Quentinho, águas cristalinas, parecia o paraíso.

— Amiga! Não estou conseguindo voltar.

— Nem eu!

Em questão de segundos, tudo escureceu. Foi só ali que percebemos que não havia ninguém naquela praia. Pior que o meu desespero era ver minha melhor amiga e parceira de tantos anos se afogando na minha frente. Comecei a gritar, gritar mais. Ela começou a rezar. Engolia água e chorava. Eu não podia acreditar que meu fim seria aquele. Meu nome de batismo, Marina, significa "aquela que vem das águas do mar" e não aquela que é levada por ele.

— Não vou morrer agora! Não vou!

Juntei minhas últimas forças e gritei, gritei, urrei.

— Socorro!

Tentava nadar, mas não saía do lugar. Estava ficando exausta. Quase sem forças, tentei novamente. Gritei mais forte. E apareceu o nosso herói. Ele resgatou primeiro a Josie, que estava pior que eu, depois veio me buscar.

— Meninas, que sorte a de vocês! Não era para eu estar aqui neste horário. Mas a pessoa que fica aqui à noite se atrasou. Então, fiquei um pouco mais. Foi um milagre eu estar aqui! — disse o homem, que trabalhava como salva-vidas.

Naquela noite, agradecemos muito por estarmos vivas. E me dei conta de que a morte estivera me rodeando durante aquele ano todo. Em abril, durante a viagem à Costa Rica, algo surreal aconteceu. E só tenho coragem de contar aqui porque tenho outras testemunhas. Nem eu mesma acreditaria se não tivesse sido comigo: um caminhão na contramão quase bateu de frente na van na qual eu e minha equipe estávamos para gravar — incluindo minha mãe e minha irmã, que trabalhavam comigo. Todos tivemos a mesma reação. Nos jogamos para o lado, pois era claro que o caminhão iria entrar na van. Mas um milagre aconteceu e todos nós sentimos. Parecia um efeito de filme, e nada aconteceu com a van. Nem um arranhão. O câmera que me acompanhava se tornou evangélico depois desse acontecimento.

Meses mais tarde, pouco depois da minha demissão, eu estava saindo da aula de cabala e liguei para meu amigo Alexandre Rossi. E nem percebi a arma na minha cabeça. Segurei quando puxavam meu celular, reagindo a um assalto. Não percebi direito o que era na hora, mas, graças a Deus, acabei perdendo só o celular.

E, claro, houve o acidente com a moto. Eu só podia esperar que aquilo ficasse para trás e que em 2009 tudo mudasse!

E 2009 chegou...

Devo admitir que minhas lembranças desse período são confusas. A estreia no Gugu já tinha sido anunciada. Finalmente, depois de meses de reuniões e de expectativa, iríamos estrear. Lembro da minha emoção, do dia do anúncio, da minha felicidade. Naquela noite, na academia, eu não cabia em mim. Parecia que flutuava. Já fazia planos de como iria ser minha volta por cima. Tudo o que eu tinha passado ficaria para trás. Viria a minha redenção.

Não veio.

Foi só um degrau a mais para o tombo ser ainda maior: na semana da gravação, tudo foi cancelado sem explicações. Depois, eu soube pela mídia que o Gugu estava deixando o SBT e seguindo para a Record. Nosso quadro não estava no projeto de programa novo dele na nova emissora. E, para minha surpresa, meus quadros compunham o novo programa de animais que o SBT anunciava, só que com outra apresentadora.

Daquela derrota, eu me lembro da dor. De seguir sozinha para o Ibirapuera parecendo um zumbi. Fiquei andando entre as árvores pedindo para Deus me levar. Não via mais sentido na minha vida. Não queria mais viver. Não tinha mais forças. Os guardas do parque ficaram atrás de mim, vieram perguntar se estava tudo bem. Hoje, fico imaginando a cara de louca com que eu estava. Mas, na época, isso era o que menos importava.

Pijama de ursinha e desejo de morte

Na verdade, não sei como nos conhecemos. Sei que ele virou meu escudo, meu refúgio para todos os momentos difíceis. Foi na minha casa em Alphaville — muito gelada no inverno — que me apeguei ao pijama de ursinha. De plush, macio, quentinho. Na semana da demissão, segundo Glicélia, que trabalhava em casa na época e que até hoje é uma grande amiga, fiquei três dias sem tirá-lo. Madame, apelido carinhoso que dei a ela, diz que eu nem tomava banho. Até tomava, mas voltava a colocar o pijama.

Quando eu tinha algum compromisso inadiável, eu não via a hora de voltar para casa, para a segurança do meu pijama-escudo. Era uma vida dupla: passava o dia com o pijama de ursinha, querendo morrer, e à noite colocava minhas melhores roupas e encontrava felicidade instantânea em bebidas, baladas e companhias que não resistiriam à luz do sol.

Meus sorrisos, risadas e danças escondiam dores, amarguras e desilusão. Na noite, depois do segundo drinque, eu tentava esquecer meus problemas.

Mesmo nesses momentos, muita gente fazia questão de esfregar na minha cara minhas derrotas. Uma vez, em um restaurante badalado, durante um jantar com minha grande amiga Josie, lembro de encontrar uma ex-BBB que tinha virado apresentadora. Ela estava acompanhada de seu então noivo na época, e, assim que me viu, falou bem alto:

— Nossa, Luisa! Sem programa de televisão e sem namorado! Que horror!

Fiquei estática. Quando nos afastamos, minha amiga falou:
— Nossa, que vaca! Precisava disso?
— Amiga, pelo amor! Já te falei para não ofender as vacas...

Perdi as contas de quantas vezes fiz reuniões, criei quadros e fui descartada na última hora. Emissoras abertas, fechadas, produtoras grandes e pequenas... Os projetos eram maravilhosos, todos ficavam empolgados no começo, trabalhávamos muito e na última hora tudo ia por água abaixo. Nem vou descrever cada um, ou este se tornaria um livro de "quases". Hoje até consigo rir disso, mas, naquele período, cada desilusão me jogava no chão e agravava minha depressão.

Sem dúvida, Marley e Gisele me salvaram, mas os vinhos ajudaram e muito nas madrugadas. Mesmo quando eu dormia, acordava em prantos, suava muito. Eu, que não suava nem quando fazia ginástica, comecei a acordar ensopada. Não me lembrava dos meus pesadelos, nem precisava, minha realidade era muito pior.

A família da garota do acidente entrava em contato pedindo algumas coisas, eu explicava que estava desempregada e eles não entendiam. Uma vez, me perguntaram se eu não usei a grana que ganhei na TV para abrir um negócio, como fazia "todo mundo desse meio".

Mas não. Eu usava meu dinheiro para ajudar os animais. Cheguei a produzir um CD com músicas incríveis do grande compositor Michael Sullivan com a participação de vários artistas consagrados, como Sandra de Sá, Belo, entre outros. E toda a renda foi revertida para a castração de animais em ONGs do país inteiro.

Mas ninguém entendia. Nem eu.

No auge da depressão, eu chorava no colo da minha mãe:

— Cadê a lei do retorno?

Eu acredito mesmo que quem faz o bem colhe o bem, no entanto, não era isso que estava acontecendo. E eu continuava. Os animais sempre tiveram todo o meu carinho, mas com as pessoas eu não tinha mais paciência. Lembro de resgatar uma cachorra toda machucada naquela época. Eu estava abraçada com ela na fila de uma clínica veterinária, no meio da noite, quando uma moça me reconheceu e soltou:

— Você gosta mesmo de animais?

— Não. Tô aqui a esta hora porque não tenho mais nada para fazer mesmo. Não ligo para a dor dela. Eu quero mesmo é gastar o dinheiro que eu não tenho em veterinário.

Eu estava com raiva do mundo, mas me sentia cada vez mais próxima dos animais. Pensei em me matar, mas olhava para Marley e Gisele e desistia. Eles lambiam minhas lágrimas, me arrancavam da cama, me traziam a bolinha e me davam todo o amor que existe nesta vida. Andavam sempre um de cada lado atrás de mim. Todos diziam que eles pareciam meus anjos da guarda. Hoje, tenho a certeza: eles *eram* meus anjos da guarda. Se eu os salvei um dia, eles me salvaram todos os outros dias da minha vida.

Em meus devaneios, eu pensava em largar tudo, pirar e viajar pelo mundo... Mas havia os meus filhos. Eles me fizeram manter os pés no chão. Eram dois seres inocentes que dependiam de mim, e eu nunca iria desampará-los, assim como eles nunca me desampararam. Em todos os piores momentos, nas noites mais escuras, nos pesadelos que vivi, eles sempre estavam lá. Alegres e apaixonados. Quando o mundo lá fora me humilhou, bateu as portas na minha cara e me fez sentir um lixo, lá estavam eles me mostrando que eu era a pessoa mais importante e amada do mundo inteiro. Obrigada, Marley. Obrigada, Gisele.

Azar no amor?

Eu buscava respostas em todos os lugares. Aonde ia, alguém me reconhecia e perguntava quando eu iria voltar para a TV. Parecia o único caminho possível. E eu não tinha essa resposta. Realizaram uma pesquisa com os nomes mais importantes no universo pet e o meu ficou em primeiro lugar. Eu soube disso quando fechei um grande contrato de publicidade para divulgar um projeto imobiliário que tinha espaço para cães. Admito: o cachê foi muito importante no momento, mesmo assim as portas da TV permaneceram fechadas.

Durante um jantar com amigos judeus franceses, me disseram:
— Não pode ter *Zohar* em casa! Dá azar!

Apesar de eu ter abandonado minhas aulas de cabala, ainda mantinha os livros sagrados perto de mim. Então, me aconselharam:

— Faz o seguinte, procura um rabino do Chabad [linha mais tradicional] e pergunta para ele.

Fiquei intrigada. Será que era por isso que tudo estava dando errado? No fundo do meu coração, eu esperava que a resposta fosse um sim. Pelo menos eu já teria uma solução, uma resposta para tantas perguntas. Consegui marcar um hora com o rabino da sinagoga do bairro Cidade Jardim, em São Paulo. Na sala de madeira, com sua longa barba e roupas pretas, o rabino Yossi me escutou com sinceridade e atenção. E indagou:

— Por que você acha que o *Zohar* te deu azar?

Contei tudo. Entre lágrimas e nervosismo. Ele chegou a se comover com meu sofrimento. Ele me disse:

— O problema não é o *Zohar*. Eu tenho ele na minha casa também. É proteção... Você não conhece os caminhos de Deus. Ninguém conhece. Mas é sempre o melhor caminho. Aquele que tem que acontecer para a sua evolução... Quem sabe você não passou tudo isso para estar aqui, agora, na minha frente, por algum motivo? Você não pensa em formar uma família?

Parecia claro que o mundo todo tinha resolvido apontar o meu fracasso. Uns me cobravam a tal volta à TV, que não acontecia. Outros, minha falta de empreendedorismo. E, agora, o rabino me lembrava de que eu já tinha 30 anos e estava longe de ter minha família.

Só sei que fui atrás de uma resposta e saí de lá com mais uma pergunta. E uma pergunta que me atormentava no íntimo há alguns anos, desde que meu ginecologista tinha me alertado de que meus óvulos estavam começando a ficar pequenos. E isso já fazia dois anos! Minha batata estava assando.

Semanas depois, a secretária do rabino me ligou e disse que ele havia pedido uma nova reunião comigo. Eu tinha certeza de que ele havia encontrado em suas rezas as respostas para minhas perguntas sobre a vida profissional. E, como já era habitual naqueles últimos meses, eu estava enganada.

— Eu estava pensando em você, falei com algumas pessoas da comunidade que te conhecem e percebi uma coisa importante. Conversei com um rapaz que teve um namorico com você e ele me relatou que não sabia como agir ao seu lado. Que você é forte, chama a atenção e o deixava inseguro. Acho que você só vai ter paz no amor com um homem mais maduro e seguro.

Fiquei paralisada. Estava esperando uma luz profissional e o rabino veio me dar conselhos amorosos? Pensando bem, realmente, meus relacionamentos mais duradouros tinham sido com homens mais velhos. Perguntei:

— Mas o senhor me chamou aqui para isso?

O rabino continuou:

— Não sei se você sabe, mas eu sou conhecido por fazer *shiduch*.

A palavra não me era estranha. Lembrei da minha mãe falando, da minha avó. É a pessoa que apresenta prováveis casais. E ele prosseguiu, contando de alguns casais que eu conhecia que ele tinha apresentado.

— Posso pensar em alguém para te apresentar. Sem compromisso. No mínimo você terá um amigo.

Fui embora e não dei muita bola. Queria focar na minha vida profissional. Não estava namorando naquele momento, mas nunca tive problemas com isso. Nem me faltavam convites para jantar. O "problema" era comigo. Não conseguia achar ninguém que compreendesse a profundidade da minha luta pelos animais. A maioria das pessoas achava que eu gostava de cachorrinho e de gatinho. Não tinham noção da dimensão da causa. Lembro de um chef de cozinha bacana que conheci em uma festa no Rio. Ele vivia me ligando e me convidando para sair. Um dia, dei um pouco mais de corda e foi fatal:

— Quero cozinhar para você. Do que você gosta?

— Ah tudo, menos carne. Sou vegetariana...
— Mas nem peixe?
— Nem peixe...
— Mas os peixes não sentem nada... Não tem problema.

Naquela época eu ainda não tinha o caminhão de argumentos socioambientais, éticos e importantes que tenho hoje... Mas já tinha o sentimento. Então, ingenuamente, respondi:

— Sabe, uma vez fui fazer uma reportagem e o peixe subia no aquário para ganhar carinho. Fiquei muito impressionada. Comecei a vê-los de um jeito diferente... Toda vez que eu comia, lembrava daquela cena e ficava mal. Aí, parei.

O chef não se importou e insistiu:

— Vamos negociar isso. Pelo menos um peixinho você vai ter que comer. Tô cortando um agora... Vai ficar delicioso...

Enquanto ele descrevia o prato, fiquei imaginado o tal chef matando e fatiando animais na minha cozinha. Imaginei sangue escorrendo por todo lado. Só queria dizer que matar animais para mim não era um valor negociável. Quando voltei dos meus devaneios, escutei:

— Vai valer a pena. Eu cozinho muito bem.

Deve cozinhar mesmo. Anos depois, virou um chef conhecido, com programa de TV e tal. Nunca mais nos falamos. Depois dessa conversa infeliz, falei que tinha que desligar e nunca mais o atendi. Ele deve dar graças a Deus, principalmente depois de eu ter me tornado vegana.

Sei que me apareceu todo tipo de homem, menos alguém que combinasse com minha vida. Muitos tentavam.

— Oi, hoje não consigo me encontrar com você. Acabei de sair do cinema e assisti a *Marley e Eu*. Acho que nunca chorei tanto. Não vejo a hora de chegar e abraçar os meus Marleys — falei, recusando o convite de um paquerinha para jantar. O que era verdade. Foi lendo o livro que mudei o nome de Mickey para Marley, mas assistir ao filme foi arrebatador.

— Nossa, imagino... Eu tenho um Marley também, um labrador chocolate.

Fiquei estática. E já o imaginei como possível marido e pai dos meus filhos. O cara tem que amar cachorro para dar certo comigo, pensava eu. Resolvi dar uma chance e marcamos para o outro dia. A verdade veio logo e da boca dele:

— Eu tenho muitas obras de arte, umas esculturas. Como ele fazia muita bagunça, ia acabar quebrando. Já pensou o prejuízo? Mandei o cachorro para a casa da minha mãe. Ele está feliz lá.

Por um segundo, fiquei imaginando Marley e Gisele quebrando obras de arte, mijando nas esculturas. Eu rindo, ele querendo doá-los. Não tinha como dar certo.

"Meu amor, nosso amor estava escrito nas estrelas..."

Eu estava em um shopping com minha tia. A gente tinha uma dúvida — não me lembro exatamente sobre o quê —, e decidiu ligar para o rabino e consultá-lo.

— Não acredito que você está me ligando. Acabei de sair de um almoço e falei de você. Acho que encontrei a pessoa ideal para você. Passei seu telefone para ele, espero que não se importe. Ele vai te ligar mais tarde. O nome dele é Gilberto Zaborowsky, tem dois filhos pequenos, se separou faz um ano. Eu ia te ligar para avisar sobre ele e você me ligou. Coisas de Deus.

Eu estava chegando ao condomínio onde morava quando o telefone tocou. Sabia que era ele. Trinta e sete minutos. Foi o tempo que durou nossa primeira conversa. Curioso conversar tanto tempo com um estranho. Mas foi divertido.

Ele me disse que não queria ser apresentado pelo rabino, pois a última experiência tinha sido assustadora: foi com uma bilionária que apareceu no encontro com seus dez seguranças.

— Não ando com seguranças e nem sou milionária — falei, rindo.

— Posso te chamar de Mell ou prefere Luisa? — perguntou ele.

Contei que meu nome mesmo era Marina, mas que ele poderia chamar como quisesse. Eu amo os três!

— Vou te chamar de Marina. Quero conhecer a Marina, não a Luisa Mell.

Fazia anos e anos que nenhum homem me chamava de Marina. Todos os meus últimos namorados me chamavam de Luisa. Confesso que gostei. Foi um papo legal. Mas fiquei sabendo que ele não tinha dois filhos. Tinha cinco!

— Você é o Capitão da Noviça Rebelde? Na minha infância eu vi este filme 387 vezes.

Minha mãe era fanática pelo filme e me fazia assistir junto.

Será que meu destino era ser a Maria? Pensei e ri baixinho lembrando da personagem principal, que vira madrasta dos sete filhos do Capitão. O papo foi gostoso, mas um pouco assustador... Deve ser por isso que não aceitei logo de cara o convite dele para jantar.

— Esta semana eu não posso. Me liga na próxima?

Ele ligou de novo em uma sexta-feira, quase à noite. Mas eu já tinha compromisso para aquele final de semana, então recusei o convite novamente. Hoje, ele diz que fiz de propósito para conquistá-lo. Juro que não foi, e também juro que faria tudo de novo.

Sei que ele ficou puto da vida e desligou falando que não ia me convidar mais. Se quisesse, eu que o convidasse. E assim eu fiz. Em outro dia, mandei uma mensagem pelo celular: "Aceito um convite para jantar amanhã". Não deixei que me buscasse em casa, marquei direto no restaurante. Eu morava longe. Imagine voltar até Alphaville com alguém de quem eu não tivesse gostado? Deus me livre!

E foi tudo tão diferente... Eu não me arrumei, o que é inacreditável. Fui para o encontro da minha vida sem maquiagem, com uma roupa bem básica, direto de uma reunião de amigas da época da escola. Quando estava estacionando, pensei em como faria para reconhecê-lo. Nunca o tinha visto. Mas, assim que entreguei o carro para o manobrista, eu soube. Soube na hora. Soube de tudo.

Assim como fui sem maquiagem, ele foi sem máscaras. Confessamos fracassos íntimos, arrependimentos e aprendizados... Não tivemos nada de romântico, nada de amor. Não naquele dia. Mas logo ele já me acompanhava em tudo. Na primeira semana, estava ao meu lado em um domingo de manhã em um evento de adoção no Centro de Controle de Zoonoses. Foi lá que conheceu minha família. Acho que não tinha lugar mais honesto. Logo de cara já mostrei quem eu era e o que fazia.

Ele me contou que a primeira vez que ouviu falar de mim foi quando chegou para trabalhar e, na rua do seu escritório, havia uma manifestação na porta do Consulado da China. Era um ato contra o uso de peles comandado pela Luisa Mell. Ele admitiu — tempos depois — que naquele momento reclamou "desse povo que não tem o que fazer e fica tumultuando a vida de quem quer trabalhar". Quando já namorávamos, participou, orgulhoso e ativamente, de uma enorme manifestação na avenida Paulista contra a crueldade aos animais. O amor cura, o amor transforma.

A véspera do casamento

—Acorda, acorda... Marley tá passando mal, muito mal. Socorro!

Eu ainda estava tonta, a ressaca me impedia de entender logo de cara o que estava acontecendo. A madrugada tinha sido de festa com a família para comemorar minha despedida de solteira. Mas os gritos da Madame eram assustadores.

Não era para menos... Marley estava jogado em um canto, sem se mexer, e eu vi vômitos amarelos por toda a casa. Foi a primeira vez que saí de pijama na rua. A primeira de muitas.

Com uma força que veio não sei de onde, consegui carregá-lo no colo até o carro e corri para o hospital veterinário.

Foram horas e horas de aflição, angústia, exames e solidão. Gilberto, que nos últimos dois anos tinha sido meu parceiro para todas as horas, não podia nem falar comigo. Pelo judaísmo, na semana do casamento, os noivos não podem ter contato nenhum. Nem se encontrar, nem se falar.

Se já estava difícil ficar longe, no momento em que o doutor deu o diagnóstico foi o pior:

— Pancreatite. É muito sério. Ele corre risco de morte...

— Não, Deus, não! O Marley não. Perdi tanta coisa, mas o Marley eu não admito...

Agarrada a ele, eu chorava. Gritava de dor. Tudo que eu tinha vivido não era nada perto da possibilidade de perder meu amarelo.

— Marley, a mamãe não pode ficar sem você agora. A mamãe não consegue. Não faz isso comigo.

Tive que sair do hospital e deixá-lo internado. E o tempo todo um filme passava pela minha cabeça. Cada momento ao lado dele, aquele olhar que tantas vezes me salvou, as travessuras que tanto alegravam minha vida. Era impossível pensar nele sem rever tudo o eu tinha passado nos últimos anos. E assim passei em claro toda a madrugada anterior ao meu casamento. Rezando e revivendo lembranças.

Pensava nos três anos que já tinham se passado desde o final do *Late show*. Mesmo tendo encontrado meu amor, por muito tempo a tristeza foi parte de mim. Até porque meu sofrimento tinha virado uma depressão. Quando penso nisso, me envergonho por ter me entregado daquela forma. Penso que muitas pessoas passam por coisas piores. Mas, ao mesmo tempo, cada um conhece sua própria dor. E naquele momento a depressão era maior do que eu. Todos os dias eu levantava decidida a mudar minha história, mas era derrubada por mim mesma. Sabe dor física? No meio do peito. Comer era um desafio. Uma obrigação. Eu me sabotava. Gilberto me carregou por várias vezes, quando eu só conseguia chorar. E mesmo assim me amou. Conheceu toda a minha fragilidade e em meu pior momento. E decidiu seguir firme ao meu lado. Foi ele também quem me ajudou a resolver as questões daquele acidente. Tanto na justiça quanto emocionalmente, ao me mostrar que, se a moto não estivesse em altíssima velocidade, as consequências não seriam tão trágicas.

Foi ao ver o nascer do sol no dia do meu casamento e esperando notícias de Marley que relembrei quando assistimos juntos à estreia do programa sobre animais, aquele que teria os quadros que criei. Se na hora em que li a notícia foi desesperador, na noite da estreia foi libertador. Não tinha nada a ver comigo. Eu não poderia estar ali. Adormeci agarrada ao telefone, lembrando das palavras de Gilberto:

— Amor, podem roubar o que você tem, mas ninguém pode roubar quem você é.

E acordei com a ligação da clínica veterinária:
— Marley recebeu alta! Pode vir buscá-lo.

A noite mais linda

Com meu filho amarelo salvo, já em casa, pude aproveitar cada momento da minha noite dos sonhos. Ao som da música de *A noviça rebelde*, meus enteados Dudu e Lara entraram como pajem e daminha. E um Gilberto profundamente emocionado me recebeu, toda de branco, no altar, dos braços de meu pai.

Choramos muito durante a cerimônia religiosa realizada pelo nosso cupido, o rabino Yossi, e abençoada por outros tantos rabinos amigos. Abrimos mão dos presentes e pedimos aos convidados que fizessem doações para duas instituições escolhidas por nós: uma de crianças e outra de bichos, claro.

Marley e Gisele estavam estampados nos chinelos que distribuímos durante a festa. De surpresa, peguei o microfone e cantei para ele na frente de 400 convidados. A música que desde então virou a nossa música:

Olhe bem no fundo dos meus olhos
E sinta a emoção que nascerá quando você me olhar
O universo conspira a nosso favor
A consequência do destino é o amor
Pra sempre vou te amar
Mas talvez você não entenda
Essa coisa de fazer o mundo acreditar
Que meu amor não será passageiro
Te amarei de janeiro a janeiro
Até o mundo acabar

"De janeiro a janeiro", de Roberta Campos com a participação de Nando Reis.

Se a vida fosse um conto de fadas da Disney, certamente esse seria o meu final feliz. Mas não é. O dia do casamento é um marco, uma celebração. E é só o começo de uma vida a dois que é repleta de desafios. E, por mais que tivesse o meu amor, eu continuava em busca da minha realização, da minha força, de mim mesma.

Perdida

Passei anos sem saber direito quem era. Ou melhor, achando que tinha que ser outra pessoa. Consultores, empresários, assessores... muitos profissionais davam pitacos tentando salvar minha carreira. Alguns queriam mudar minhas roupas, meu cabelo, outros achavam que o problema era o meu modo de falar. Mas todos concordavam que eu tinha que ser menos "radical". Isso atrapalhava os negócios.

Eu ouvia tudo, mas chegava em casa e chorava. Por mais que essas pessoas dissessem que eu estava errada, meu coração não me deixava seguir outro caminho. Por mais que me dissessem que era melhor eu mudar por causa da carreira, minha alma já estava comprometida com os animais. E, por mais que apontassem um novo caminho para eu ter uma imagem com a qual pudesse faturar, eu gostava mesmo era de participar de eventos de ONGs.

Assim, atendendo ao pedido de uma ONG, fui até um shopping na Zona Norte de São Paulo. Um cachorro com problemas de locomoção iria ganhar uma cadeira de rodas. Me chamaram para entregá-la e ajudar a encontrar um dono para ele. Lembro da emoção de todos quando colocamos a cadeirinha de rodas e ele imediatamente começou a correr. A felicidade estava estampada em seu rosto. Os animais dizem com olhares muito mais do que nós dizemos com centenas de palavras. Foi ajudando Maurinho a encontrar um final feliz que comecei a reencontrar meu caminho.

Naquele dia, conheci Marcelo Glauco. Ele trabalhava com internet e estudava mídias sociais. Me contou que era fã do *Late show* e que meu trabalho o incentivou a ajudar ONGs de proteção animal. Logo nos tornamos amigos e ele passou a insistir que eu fizesse uma página pública no Facebook. Relutei muito. Era o começo das redes sociais, e eu ainda não entendia direito como funcionavam. A interação com o público quase me matava de angústia.

Explico: todos os dias eram centenas de pedidos de resgates, pedidos de ajuda dos quatro cantos do país... As pessoas me viam como heroína, mas eu não tinha mais força, minha capa mágica. Sem a televisão, pensava eu, não tinha mais como salvar tantos animais. A cada pedido de ajuda com a foto de algum animal ferido, meu coração sangrava. Eu me sentia inútil, impotente e muito culpada. Marcelo insistiu. Falei que iria pensar, que não sabia fazer. Ele não só insistiu como fez uma página para mim.

— Pronto, agora você não tem mais desculpa. Está feita. Presta atenção, com a sua força, esta pode ser um ferramenta preciosa para salvar muitos animais.

E assim, no dia 19 de janeiro de 2010, foi colocada no ar a minha página pública no Facebook. No começo eu não entendia nada. Odiava. Queria sumir dali. E foi minha mãe, mais uma vez, que me colocou nos trilhos. Lembro do dia em que ela chegou à minha casa e me encontrou no chão, usando o pijama de ursinha, chorando, abraçada ao Marley e à Gisele.

— Marina, escuta o que eu vou te falar: você é a pessoa mais forte que eu já conheci na vida. Olha tudo o que você já fez ainda tão nova. Olha quantas mudanças conseguiu. Escuta bem: não importa se o mundo todo agora parece estar contra você. Se você acredita que é certo, vai lá e muda o mundo. Pode demorar o tempo que for, não importa. Apenas faça o que você tem que fazer. Olha o seu Facebook! Já tem 30 mil pessoas te seguindo. São 30 mil pessoas que amam o seu trabalho, que estão com você nessa luta. Um dia vai ser um exército pelos animais. E lá você pode falar o que quiser. Ajudar, conscientizar... Ser você mesma! Lutar pelo que acredita.

E assim foi. A internet, minha então inimiga, seria a minha salvação.

Aos poucos fui descobrindo a força da internet. E usando a rede a favor da minha luta. Chorei quando percebi pela primeira vez que se pode salvar vidas e realizar milagres através do Facebook. O número de seguidores aumentava a cada dia. Com eles, minha força e minha influência.

Formamos uma corrente do bem pelos animais, com proporções inimagináveis anos antes. Era só eu postar um pedido de socorro de algum animal ferido para gerar milhares de compartilhamentos e nossa rede de solidariedade encontrar o anjo da vez.

Assim, animais do país inteiro começaram a encontrar ajuda pelas redes sociais. Começamos a ter vitórias históricas para a causa animal. Conseguimos reverter a decisão de um juiz de Minas Gerais que tinha mandado sacrificar todos os setenta animais de uma protetora. Graças à nossa união — e ao barulho que fizemos —, não só revertemos a decisão como conseguimos um terreno da prefeitura da cidade e dinheiro para a construção de canis.

Fui recuperando minha força, minha coragem. Logo, já estava indo aonde sentia que era necessário. Para locais considerados perigosos, comunidades difíceis de entrar e até delegacias, brigando e resgatando animais em sofrimento. Junto com Luiz Scalea, Oscar, Marco e Giuliana, formamos o Emergência Animal. Unidos pela compaixão, fizemos a diferença na vida de centenas de animais e de pessoas.

Foi curando as dores de animais em sofrimento que curei as feridas da minha alma. Depois de anos querendo morrer, finalmente eu via um sentido em viver. Se tiraram de vez meu microfone, se me calaram na TV, agora eu tinha um teclado para falar com milhares de pessoas. Mesmo não podendo mudar o mundo todo, passei a me sentir vitoriosa em mudar o mundo de cada animal que eu conseguia tirar das ruas, de uma situação de risco, de violência e de abandono.

Minha casa, minha ONG

Se era motivador ver o número de seguidores aumentando a cada dia, era assustador ver os números de pedidos de resgate se multiplicarem. Era impossível atender a todos. Mas eu tentava ajudar o maior número de animais que conseguisse. Minha alegria ao ver um animal salvo aumentava as, digamos, dificuldades estruturais. Eu não tinha apoio financeiro de nenhuma empresa. Não tinha abrigo. E cada vez tinha mais peludos sob minha responsabilidade.

Até fiz parcerias com algumas ONGs, mas nunca era o suficiente. Comecei a levar cachorros para casa. Tudo escondido do Gilberto... No andar de cima do nosso apartamento, ele tinha uma sala de pilates, e, como estava sem professor — portanto, sem uso —, aproveitei para transformá-la em canil! Só "esqueci" de avisá-lo.

Comecei com três filhotes. Logo viraram seis. Depois doze... As meninas que trabalham em casa se tornaram minhas cúmplices e ajudantes. Durante o dia, quando eu saía para resgatar, elas cuidavam deles. Durante a noite, eu esperava Gilberto dormir e subia para dar comida, carinho e passar horas limpando cocô.

Um dia estávamos na sala de TV, assistindo ao jornal com Marley e Gisele. E a cachorra (uma mãezinha, que estava em casa com 13 filhotes) começou a latir.

— O que é isso? — ele perguntou.

— O quê? — retruquei, me fazendo de tonta.

— Esse latido.

— Acho que foi o Marley.

— Marina, o Marley está aqui, dormindo.

— Ah, sei lá. Não ouvi nada.

Mas ela latiu de novo. E de novo... então eu tive um ataque de riso.

— Amor, pensa que você está fazendo uma boa ação e nem sabe disso!

— Marina, quantos animais estão aqui em casa?
— Depende do ponto de vista...

Tentei explicar que dez filhotes, por exemplo, não podem ser contados como dez cachorros adultos. Não teve jeito. Depois de horas de histórias dramáticas e comoventes, pensei que poderia ser uma boa ideia levá-lo para ver os filhotes. Aquelas carinhas dereteriam qualquer um! Mas o pior aconteceu: a mãezinha, que comigo era um doce, virou uma fera com Gilberto! O coitado ainda tentou, mas tive que expulsá-lo.

— Amor, por favor, sai daqui. Ela está brava mesmo. Eu conheço cachorro...

Eu realmente conhecia cachorro, mas acho que ainda não conhecia direito o meu marido. E foi uma doce surpresa. No dia seguinte, ele contou para todos, entre gargalhadas, que catorze cachorros estavam escondidos em casa! Não reclamou, não brigou e nem me despejou.

#adotei

Meu trabalho me emocionava e me deixava realizada. Eu estava conseguindo, pela internet, salvar ainda mais animais do que salvava na TV. Minhas feiras de adoção eram um sucesso, mas eu estava com a corda no pescoço. Precisava achar uma saída, algo de que o público pudesse participar. Precisava de ajuda financeira para prosseguir com tantos resgates. Depois de madrugadas de insônia e de preocupação, pensei numa solução: lançar uma camiseta que tivesse a renda toda revertida para os resgates. E comecei a delirar no projeto, pensei numa exposição com fotos dos nossos resgates e com celebridades e formadores de opinião vestindo a camiseta. Pedi ajuda para uma amiga da minha irmã, a Mel, que trabalhava com moda. Ela logo me indicou um designer.

Porém eu precisava decidir qual seria a mensagem. Treze anos depois da estreia do *Late show*, muita coisa tinha mudado. Se na estreia do programa a famosa marca de ração queria que eu tirasse os vira-latas da abertura, ela agora usava os vira-latas e a adoção em suas campanhas de marketing.

Eu me sentia orgulhosa. Tinha acabado com minha carreira artística, não conseguia patrocínio para meu trabalho de resgates, mas havia ajudado a mudar algo no mundo. E essa satisfação nenhum dinheiro pode comprar, ninguém pode me tirar.

E era na camiseta que eu estamparia minha vitória: #ADOTEI! Pensei: hoje as pessoas têm orgulho de terem adotado. E eu quero que tenham muito mais. Quem adota salva uma vida. Proporciona um final feliz para uma história triste. E quem compra a camiseta do projeto me ajuda a salvar tantos outros peludos abandonados nas ruas, vítimas da crueldade e de maus-tratos.

Foi justamente com esses argumentos que consegui parceiros que me ajudaram a transformar em realidade o meu projeto. A Sawary me doou as primeiras 300 camisetas com o logo #adotei. Os queridos fotógrafos Marcos Rosa e Daniel Benassi doaram tempo e talento e fizeram as fotos da exposição. Mica Rocha, Lele Saddi, Fabiana Saad, Helinho Calfat e Gui Haji Touma logo de cara abraçaram o projeto e se tornaram também grandes amigos e meus apoiadores até hoje! Mica não mede esforços para me ajudar. Faz bazar, divulga meus eventos e ainda adotou um cachorro que não andava e que, graças aos seus cuidados, voltou a andar!

Entretanto não foi fácil encontrar personalidades que realmente tivessem adotado e arranjassem um tempo na agenda para fotografar. Agentes, empresários e assessores geralmente alegavam falta de espaço na agenda dos artistas. Quando eu conseguia falar diretamente com a celebridade, ela topava participar do projeto na hora.

E foi assim que, no salão do querido Marco Antonio de Biaggi, encontrei Marina Ruy Barbosa. Enquanto ela se maquiava, eu, com minha cara de pau de sempre, a abordei e contei sobre o projeto. Para minha surpresa, ela não só topou na hora como ainda me contou que resgatava gatos de rua. Ainda consegui o telefone da Giovanna Ewbank, que além de ter se revelado uma grande aliada na causa, é uma das pessoas mais cheias de amor e de compaixão com quem já cruzei neste meu caminho.

Além dessas e de outras grandes personalidades, separei cinco histórias de resgates emocionantes. Cada uma era contada por meio de pequenos textos e fotos marcantes, uma com o pedido de ajuda, outra com o resgate e a principal, do cachorro já curado e #adotado. O projeto estava ficando maravilhoso, mas eu não conseguia lugar para expor. Vários shoppings para os quais apresentei a proposta, depois de meses de enrolação, disseram não. E eu precisava de um lugar com muita visibilidade.

Mas a sorte voltou a sorrir para mim, e um telefonema inesperado me encheu de esperança: Paulo Skaf, presidente do Sesi, queria uma reunião comigo. Se minha luta tinha fechado as portas da TV, parece que tinha aberto as da política: os partidos políticos começavam a perceber o meu potencial. E essa história tomou proporções tão grandes que as más-línguas diziam que eu só salvava os animais por ter pretensões políticas... A verdade é que eu faço o que faço por amor e compaixão e declinei da proposta de Skaf de seguir uma vida política. Entretanto, pensei rápido e aproveitei para apresentar o projeto da exposição. Ele topou expor no prédio do Sesi da Paulista, e o #adotei ainda viaja pelas unidades do Sesi de todo o interior do estado de São Paulo.

Naquele momento, nem eu e nem ninguém imaginávamos a diferença que três meses fariam na minha vida, na minha luta e, principalmente, na causa animal.

178 beagles e os testes em animais

Sexta-feira, 18 de outubro de 2013
5h40

Foi só no carro, ainda com a respiração ofegante, que comecei a me dar conta de tudo o que tinha acontecido nas últimas horas. Meu corpo exausto e faminto pedia descanso, mas minha cabeça estava a mil, relembrando cada fato, cada acontecimento.

Desde que saímos de casa para a reunião em São Roque, São Paulo, tinham se passado mais de 13 horas de confusão, desespero, comoção e resgates. O coração, acelerado, não se acalmava...

Foi então que percebi as lágrimas amarelas que escorriam dos olhos dos beagles. Tinham um cheiro forte, diferente, irreconhecível. Vi com meus próprios olhos as dezenas de furos que eles tinham perto do focinho.

Quase não se mexiam.

Em mais de uma década de resgates, eu nunca tinha visto nada parecido. Não pareciam cães. Não pareciam seres vivos: anos de tortura, de abusos e de confinamento os condicionaram a se comportar como cobaias, conformadas e submissas. Eu já sabia que os beagles eram os cães escolhidos para serem torturados porque são dóceis e pequenos. Mesmo sendo vítimas das maiores atrocidades, são incapazes de morder. Mas presenciar tal barbaridade era assustador e vergonhoso. "Usam a bondade dos cães para torturá-los", pensava eu.

— A polícia está fechando a estrada. Está revistando os carros — eu ouvia de companheiros dezenas de informações desencontradas.

— Muda o caminho, Luciano — pedi ao motorista. — Minha casa não é segura.

— Vamos para onde?

— Eu ainda não sei... Só sei que não posso arriscar ser pega com eles. Não vão voltar para aquele inferno. Enquanto eu estiver viva, eu juro, eles não voltam.

Cinco dias antes

Domingo, 13 de outubro de 2013
12h
Rádio Globo

— Estamos aqui, ao vivo, com a apresentadora e defensora dos animais, Luisa Mell. Luisa, que faz um trabalho importante e sério na defesa dos animais, agora tem também um blog. Conta para a gente como funciona.

— Oi, gente! Bom dia! Bom, no meu blog eu relato os resgates que faço de animais abandonados e vítimas de crueldade. E agora tem um canal, onde eu falo sobre marcas que realizam testes em animais. As pessoas não têm ideia das barbaridades aos quais os animais são submetidos para que empresas lancem um novo batom, um novo perfume. Aliás neste momento, em São Roque, ativistas estão acorrentados em frente a um instituto de pesquisa, protestando contra os testes cruéis realizados por lá. Eu declaro aqui todo o meu apoio a eles.

Naquele dia, pelas redes socais, muitos seguidores me pediram que eu divulgasse a ação de ativistas contra um poderoso Instituto de Pesquisa. Apesar de os ativistas estarem acorrentados havia dois dias ao muro do Instituto Royal, não conseguiam a atenção da mídia nem do grande público. Aproveitei que o programa era ao vivo e divulguei. Naquele momento, ninguém deu tanta atenção para o assunto. Naquele momento, ninguém poderia imaginar que em menos de uma semana viraria o assunto de um país inteiro.

Terça-feira, 15 de outubro de 2013

— É aqui... acho que chegamos.

Encontramos um portão fechado, uma faixa de um grupo de libertação animal e um carro com uma ativista.

— Oi. Tudo bem? Só tem você aqui?

— Estamos revezando... Aqui não tem nem banheiro. É complicado — desabafou a ativista Adriana Greco.

Era evidente o seu cansaço.

Pelas grades do portão dava para ver a grandeza do lugar. Era assustador saber que ali dentro centenas de animais estavam sendo torturados, mutilados, queimados... Eu só conseguia pensar que os muros dos laboratórios escondem a pior e mais perversa face do antropocentrismo.

— Como nós podemos ajudar? — perguntei.

— Ah, acho que divulgando... Nós estamos organizando uma manifestação para o próximo sábado. Já fizemos duas, mas ainda não conseguimos parar as atrocidades que acontecem atrás destes portões. Você não faz ideia do que descobrimos. Eles cegam, queimam beagles e coelhos para testar novos cosméticos — respondeu Adriana.

Até quando a sociedade iria ignorar o sofrimento dos animais? Naqueles últimos meses, eu tentava, através das redes sociais, conscientizar, alertar. Mas as descrições dos testes eram tão terríveis que as pessoas preferiam não saber, não escutar.

E será que é justo fechar os olhos enquanto coelhos, cobaias dos testes, são obrigados a ficar com os olhos abertos permanentemente por meio de clipes de metal que sustentam suas pálpebras para que produtos sejam aplicados diretamente em seus olhos com o objetivo de testar a ação nociva de ingredientes químicos encontrados em produtos de limpeza ou cosméticos? Para mim, era evidente que não. Era evidente que submeter um animal a uma vida de confinamento, isolamento, dor, mutilações e todo tipo de tortura deveria ser crime. E não era. Institutos, laboratórios e universidades têm a permissão do Estado e da sociedade para abusar de animais em nome da ciência.

Eu precisava de uma luz. Não sabia o que fazer. Pedi para Deus me iluminar. Eu estava triste e sem esperança quando ela apareceu. Cheia de luz, de força e de provas! A ativista Adriana Khouri logo me relatou todas as denúncias sobre as atrocidades e irregularidades que aconteciam lá dentro. Um grupo de ativistas investigava o local desde 2011, quando vizinhos começaram a relatar gritos de cães que vinham lá de dentro. Logo descobriram que o tal Instituto realizava testes em animais para empresas privadas, mesmo sendo uma OSCIP (Organização da Sociedade Civil de Interesse Público), me contou ela. Descobriram que o local estava com a documentação toda irregular. Entraram com uma ação civil pública contra o Instituto. Laudos de peritos constataram maus-tratos. O lugar realizava pesquisas sem supervisão desde 2005! E o pior: tinha recebido 5 milhões de reais do Governo Federal enquanto possuía apenas alvará de canil. Só conseguiu o credenciamento do CONCEA (Conselho de Controle de Experimentação Animal) depois que começaram as ações dos ativistas. E uma funcionária do Instituto, cansada de compactuar com tanta crueldade, havia se tornado informante dos ativistas. Foi quando me dei conta de que tínhamos uma grande chance.

Era evidente que havia muita coisa errada ali. Resolvi tocar o interfone. Me identifiquei e desligaram na minha cara.

Liguei de novo, de novo e de novo! Não atenderam mais.

Tentei a polícia, tentei políticos e terminei o dia na prefeitura de São Roque em reunião com o então prefeito da cidade, Daniel de Oliveira Costa, e vários ativistas.

— Prefeito, antes de qualquer coisa, eu quero que você saiba que o que nós estamos fazendo aqui pode entrar para a história.

Foi assim que iniciei a reunião. Eu nem imaginava, mas hoje isso até parece uma profecia do que estava por vir.

Atrasados para a reunião, iniciamos a revolução...

Quinta-feira, 17 de outubro de 2013

Saí de casa para uma reunião em São Roque com ativistas e diretores do Instituto Royal. Devido à complexidade do assunto, Luiz Scalea, meu parceiro no grupo de resgates, convidou um advogado para nos acompanhar.

Estava um trânsito de enlouquecer. Foi quando o telefone tocou.

— Luisa onde você está? Socorro! A nossa informante acabou de avisar que vão retirar os beagles escondidos da gente. Para não termos mais as provas de maus-tratos no dia da manifestação! E só estamos em duas ativistas aqui, não temos como vigiar todos os portões.

Levaria uns cinquenta minutos para mudar meu caminho e chegar até lá. Minha única arma era a internet. Naquele momento, eu não tinha ideia do seu poder. Resolvi postar nas minhas redes sociais tudo o que estava acontecendo e pedir ajuda. Eu tinha cerca de 300 mil seguidores no Facebook naquela época. Pensei: quem sabe algum deles está em São Roque? Quem sabe alguém consegue ir para lá imediatamente? E foi assim que o milagre começou a acontecer.

Sem saber que era impossível, foi lá e fez

— Alô, Luisa? Você não sabe. Já tem muita gente aqui e não param de chegar pessoas depois da sua postagem! — contou uma das ativistas.

Foi um momento único perceber que as pessoas se importavam. E estavam dispostas a lutar pelos animais.

Assim que chegamos, agradeci e começamos a nos organizar. Uma corrente humana proibia os carros de saírem sem serem revistados. Estávamos decididos. Nenhum animal sairia de lá a não ser que fosse com a gente.

Logo a polícia apareceu. Diversas viaturas estacionaram na frente dos portões. A cada hora, nós éramos um número maior. E foi ao anoitecer que presenciamos o inferno.

Começamos a ouvir latidos desesperados, gritos e cães chorando. Nada era mais angustiante. Se já era assustador saber o que acontecia por trás daqueles portões, imaginem ouvir o grito de socorro daqueles animais inocentes e não poder fazer nada.

Choramos abraçados. Discutimos indignados com os policiais que ali estavam. De nada adiantava. O pesadelo não tinha fim. Adriana Khouri veio correndo do outro portão com a notícia bombástica: nossa informante falou que eles matariam os cachorros durante a madrugada.

Foi no Facebook que relatei todo o horror que estávamos vivendo. Os gritos e os choros que nos deixavam desesperados. Assim que postei, minha bateria acabou. Não consegui nem ver a repercussão. Segui para a delegacia para tentar fazer um B.O. por maus-tratos, mas não havia nenhum delegado por lá.

Descobri pelos moradores onde ficava a casa do juiz da cidade. Eram dez da noite. Resolvi tocar a campainha dele. Expliquei a situação pelo interfone. Mas ele só soube me dizer que "aquilo não era horário". Expliquei que os animais seriam assassinados naquela noite, contei que eram centenas de pessoas na porta querendo invadir, que o delegado não estava na delegacia, argumentei sobre a importância de uma autoridade, que eu precisava de ajuda. Mas não adiantou.

Quando voltei para o portão do Instituto, quase não acreditei no que vi: tínhamos nos tornado centenas de pessoas! Pessoas de todas as etnias, credos, religiões, idades, classes sociais. Todos unidos pela compaixão aos animais. Naquele momento, tive a certeza. Não tinha mais volta. Lutaríamos até o fim.

Madrugada de 18 de outubro de 2013

Se as autoridades se negavam a ajudar os animais, a sociedade estava decidida a salvá-los. E a força popular ninguém pode deter. Centenas de pessoas unidas pela compaixão fizeram a revolução acontecer.

Diante de dezenas de policiais, os ativistas arrombaram o portão. E foi lá dentro que confirmamos nossas denúncias. Gritos de horror vinham de todos os lados.

— É verdade. É tudo verdade! — chorava uma ativista ao ver cães sem patas.

— Meu Deus, dentes colados! Demônios! — esbravejava outra.

— Vamos resgatá-los rápido, gente. Temos que sair daqui logo! — eu gritava para todos os lados.

Mas a confusão já estava instaurada. Resolvi agir. Salvar quem eu pudesse. Peguei uma cachorra no colo e comecei a correr rumo à porta. Era longe. Era uma subida. Minhas pernas doíam. Me faltava ar. No entanto, a emoção me dominou e me deu uma força! Agarrada a ela, eu chorei e prometi:

— Vou tirar você deste inferno.

Ainda agarrada a ela, agradeci por estar viva para tirá-la de lá. Tentava correr mais rápido. E se alguém me pegasse? Se tirassem ela de mim? Um beagle pesa em média 10 quilos, contudo, naquele momento, ela parecia pesar 50. Foi quando vi a luz. O portão já devia estar próximo. Abaixei para sair pelo buraco feito pelos ativistas no muro. Luzes e câmeras apontavam para a gente saindo de lá. Eu não conseguia falar direito. Estava sem ar de tanto correr e de tanta emoção por participar daquele momento lindo. Inocentes escravizados, torturados, estavam sendo libertados por nós!

Encontrei dois companheiros do Emergência Animal, que também estavam com beagles no colo.

— Luisa, vamos embora! — gritava Luiz. — Corre! Corre! Vamos para o carro! Vamos fugir! Vamos salvá-los!

Enquanto eu dormia, o Brasil finalmente despertava

Eu tentava acordar... porém o cansaço era maior e eu dormia de novo. A dor estava em todos os músculos do meu corpo. Tentei encontrar Gilberto na cama, mas ele não estava mais lá. Saiu e nem se despediu? Estranho.

Foi só aí que me lembrei da cara dele quando cheguei em casa, às 9 da manhã. Aos poucos comecei a me recordar de tudo o que tinha acontecido. Foi quando tocou meu telefone:

— Filha, que orgulho!

— Oi, mãe... Nossa, você já sabe? Não fala para ninguém que...

— Filha! O Brasil inteiro já sabe. Só se fala nisso!

— Mas não sabem que eu peguei...

— Filha, todos os programas de televisão estão mostrando você saindo do Royal com o cachorro no colo.

Foi quando me lembrei da câmera que filmava nossa saída.

— Eu estou muito emocionada, filha. Todas as vizinhas que viram as cenas e souberam das coisas que aconteciam vieram me falar que não querem mais usar produtos testados em animais. Isso é mudar o mundo! Eu te amo.

Desliguei e, quando olhei meu celular, havia centenas de mensagens.

Amigas me pediam desculpas por não terem me escutado antes sobre os testes, mais de 100 mil pessoas entraram no meu blog naquela última hora e leram todos os artigos sobre testes em animais, dezenas de veículos da imprensa queriam me entrevistar sobre o assunto; um monte de políticos apareceu querendo ajudar no caso, meu número de seguidores nas redes havia dobrado. Literalmente da noite para o dia, o país inteiro interessado na defesa dos animais!

Parecia um milagre.

Era um milagre, eu sabia.

Mas quem disse que ia ser fácil?

— *Luisa Mell participa de roubo de cães*! Esta é a manchete do jornal! Dos sites! Eu já consegui horário com um dos maiores criminalistas do país e você tem que ir! — gritava Gilberto.

— Hoje eu não posso. Tenho entrevista — tentei argumentar.

— Desmarca. Você não está entendendo. Só se fala nisso. Falam o seu nome. Você entrou numa briga gigante, com poderosos envolvidos.

— Mas eu tenho o povo e a verdade.

— Tá bom, Marina, isso é muito bonito. Eu amo isso em você. Mas o mundo não funciona desse jeito. Eu estou muito preocupado. Cuidado com o que você fala no telefone, pode estar grampeado. O advogado acha melhor não dar mais entrevistas. Pode te complicar ainda mais.

— Amor, sério, eu entendo a sua preocupação. Mas eu não vou perder a oportunidade de mudar o mundo. Estou disposta a pagar o preço. Ninguém vai calar a minha voz. Confia em mim.

E nos mandaram devolver os beagles

Da noite para o dia eu tinha virado uma criminosa para alguns e uma heroína para outros. Se a justiça determinava a busca e apreensão de todos os beagles, a sociedade se unia e mostrava sua força. No dia da manifestação, um sábado, 19 de outubro de 2013, éramos milhares de pessoas na porta do Royal.

E a confusão foi instaurada. Assim que me viram, os policiais me chamaram. Falaram que eu iria entrar para ver como estava lá dentro. Fiquei esperançosa, estava disposta a resgatar os ratos que tinham ficado para trás. Então me senti numa armadilha: me deixaram isolada e começaram a dispersar a população com bombas. Ninguém poderia voltar atrás. Nada seria como antes. Não devolveríamos nenhum animal para aquele inferno.

E, de repente, nós éramos culpados por não terem encontrado a "cura do câncer".

Nos primeiros dias, toda a imprensa falava sobre o Royal como um instituto que testava cosméticos e produtos de limpeza. Mas, conforme foram percebendo a revolta da população ao saber que torturavam beagles para lançar novos xampus e outros produtos assim, o instituto começou a divulgar que não realizava testes de cosméticos nem de produtos de limpeza. Segundo eles, dez anos de estudos sobre a cura do câncer foram jogados fora por causa do resgate… Subestimaram nossa inteligência: nós tínhamos as provas. E eram muitas e assustadoras! Dezenas de experimentos cruéis e TOTALMENTE desnecessários eram realizados ali.

Exames comprovaram que as lágrimas amarelas dos cachorros eram detergente que era aplicado nos olhos deles! Várias ONGs internacionais entraram em contato e confirmaram que aquelas raspagens que quase todos os cachorros tinham eram típicas de testes dermatológicos. Durante o resgate, milhares de dentes foram encontrados em potes. Todos os cães, até mesmo filhotes, tiveram dentes arrancados. Alguns cães resgatados estavam com os dentes colados apenas para que os cientistas avaliassem como é se alimentar só por sonda.

As descrições dos experimentos pareciam um filme de terror. Arrancavam os dentes dos cães e substituíam por parafusos. Aí, os ossos da boca do animal com os parafusos eram levados a um teste de resistência à tração. Uma máquina puxava os parafusos até que fossem retirados dos ossos. Depois dessas torturas, os animais eram mortos. Quanto mais eu estudava, menos entendia a utilidade dessas crueldades: uma candidata a pós-graduação utilizou as instalações do instituto e sacrificou 38 filhotes apenas para obter um título pela USP. Sua tese, produzida em uma universidade pública e com dinheiro público, misteriosamente sumiu da base de obras digitais. E, por falar em dinheiro público, o deputado Fernando Capez fez um discurso na Câmara dos Deputados logo depois do resgate, mostrando documentos que comprovaram que o Instituto Royal tinha apenas alvará de canil em 2012 e que mesmo assim tinha recebido mais de 5 milhões de reais — dinheiro público.

Dia 24 de outubro: encontro marcado

Fui convocada para uma audiência pública em Brasília sobre o caso Royal. O coordenador do CONCEA, Marcelo Morales, e a diretora-geral do Instituto Royal, Silvia Ortiz, foram convidados. Não compareceram... Eu fui com tudo. Aos berros no microfone do Congresso, li a lei da OSCIP e apontei as irregularidades.

1) Para obter a qualificação de OSCIP, devem ser observados os seguintes requisitos estatutários: finalidade não lucrativa e empenho dos excedentes na consecução do objeto social.
O Instituto Royal tinha uma lista de clientes! Prestava serviço para qualquer empresa privada que o contratasse.

2) O Instituto não tinha alvará de funcionamento. Laudos comprovaram que crimes ambientais ocorriam ali: contaminação da água, contaminação do solo e resíduos hospitalares por toda a área verde.

3) A pessoa nomeada para fiscalizar o instituto pela Prefeitura de São Roque, Solange Cestero Rodriguez, assinava laudos de pesquisas para o Instituto, o que leva a crer que ela era funcionária do Royal. Uma funcionária nomeada pelo Poder Público para fiscalizar o próprio empregador?

4) E prossegui. Ainda tinha minha cartada final: quanto às declarações de que estavam encontrando a cura do câncer, afirmo serem mentirosas e os desafio a provar. Entramos em contato com a Agência Internacional de Pesquisa em Câncer (IARC na sigla em inglês), organização internacional de compartilhamento de conhecimentos sobre o câncer, órgão ligado à Organização Mundial da Saúde, que auxilia e monitora pesquisas sérias sobre o assunto em todo o mundo. E adivinhem. Não existe nenhum estudo do Instituto Royal. Nenhum documento comprobatório foi apresentado pelo Instituto mostrando que havia pesquisas farmacêuticas sérias ali. E só podem afirmar que estavam encontrando a cura do câncer se

já estivessem na fase de testes com seres humanos. Quais pessoas participaram dos testes? Onde foram realizados os testes? Para qual tipo de câncer? Qual empresa contratou o serviço? Como o Instituto Royal é uma OSCIP, temos o direito de saber absolutamente tudo.

Logo chegou um comunicado dizendo que o diretor do CONCEA estava na China.

No dia seguinte, o alvará do Instituto Royal foi suspenso por 60 dias. Semanas depois, Morales não era mais coordenador do CONCEA.

A verdadeira face dos testes em animais

Foi uma grande vitória, mas ainda tínhamos muito medo de que conseguissem pegar os beagles de volta. Por segurança, eu os mudava de lugar frequentemente. E estudava dia e noite sobre testes em animais.

E quem me mostrou o lado mais perverso da experimentação animal foram os próprios cientistas e suas pesquisas. Vou relatar apenas um estudo que foi realizado durante trinta anos pelo conceituado psicólogo norte-americano Harry Harlow (1905-1981), que tem mais de 250 experimentos feitos sobre privação maternal. Em artigo publicado por ele:

> "Nos últimos dez anos, tenho estudado os efeitos do isolamento social parcial, criando macacos desde seu nascimento em gaiolas de arame. Esses macacos sofrem completa privação maternal... Mas recentemente iniciamos uma série de estudos sobre os efeitos do isolamento total, criando macacos de algumas horas de vida até 12 meses de idade em uma câmara de aço inoxidável. Durante este período, o

animal não tem contato com nenhum animal, humano ou não humano. A conclusão foi de que o isolamento precoce reduz esses animais a um nível socioemocional em que a reação social primitiva é o medo".

O pior da história é que, anos antes desse estudo, o renomado psiquiatra inglês John Bowlby já tinha publicado uma pesquisa realizada com crianças órfãs, refugiadas e internadas em instituições. A conclusão já era essa.

"A privação prolongada de cuidados maternos em crianças pequenas pode ter efeitos graves e de longo alcance sobre seu caráter; portanto durante toda sua vida futura".

As consequências da privação materna em seres humanos já eram conhecidas, e, mesmo assim, o tal cientista passou trinta anos realizando todos os tipos de crueldades com bebês macacos de várias espécies. E o mais curioso era que ao final de cada experimento, a conclusão era de que se precisava de novos experimentos. Qual o sentido disso? Para mim, a resposta mais plausível deve estar relacionada com os 58 milhões de dólares de dinheiro público que foram destinados às pesquisas de privação materna em animais...

E foram outros cientistas que confirmaram minhas suspeitas:

Em entrevista à revista *Galileu*[1], John Pippin, especialista em cardiologia nuclear com mais de setenta artigos científicos publicados, falou sobre a ineficiência de testes em animais.

"Há três grandes razões pelas quais ainda são realizados testes em animais e elas são dinheiro, dinheiro e dinheiro. As pesquisas em animais para doenças humanas, ao menos nos EUA, acontecem

---

[1] Disponível em: < http://revistagalileu.globo.com/Revista/Common/0,,EMI344794-17770,00-USO+DE+ANIMAIS+PARA+ESTUDAR+DOENCAS+E+TESTAR+DROGAS+PARA+USO+HUMANO+E+UM+GR.html > Acesso em 16 de janeiro de 2018.

em universidades e em ambientes acadêmicos, e são pagas com dinheiro público. Esses institutos gastam todo ano cerca de 13 bilhões de dólares em pesquisas usando animais. Obviamente, isso é muito dinheiro, várias grandes universidades nos EUA — Harvard, Yale, entre outras — ganham muito dinheiro para conduzir esses estudos. E, sem esse dinheiro, carreiras e construção de infraestrutura estariam em perigo. Há grande resistência no uso de animais em pesquisa porque é lucrativo".

Outro ponto interessante é quando John discorre sobre a indústria farmacêutica:

"... o próprio FDA [*Foods and Drugs Administration*, agência de vigilância sanitária dos EUA] já admitiu que testes em animais não são capazes de prever o comportamento do organismo humano diante de uma droga. Noventa e dois por cento de todas as drogas testadas com sucesso em animais, e depois em humanos, falham de alguma forma. Isso não é ciência, é bruxaria. Não deveria ser financiado e apoiado pela FDA, é uma fraude, e uma fraude que acontece por causa de dinheiro. Companhias farmacêuticas estão entre as maiores dos EUA, as mais ricas. O frustrante é que o FDA sabe que não faz sentido."

Quanto mais eu descobria, mais inimigos conquistava. Mais me chocava com a ganância, com a vaidade... Sofria ataques nas redes sociais. Entretanto, eu tinha recuperado minha força. E o Instituto Royal fechou as portas definitivamente em novembro de 2013, dezenove dias após o resgate.

Os beagles resgatados foram adotados e hoje vivem como pets. São amados e amorosos. Os dias de tortura e de sofrimento ficaram apenas em tristes lembranças. Todos os anos, nos dia 18 de outubro, a ativista Adriana Greco — hoje uma das minhas melhores amigas — organiza uma festa com o reencontro dos beagles.

Os ratos, que foram resgatados depois por outros grupo de ativistas, ficaram sob a proteção de ONGs sérias. Além de cada animal salvo, nossa grande vitória foi o início da conscientização da população brasileira. A história da proteção animal no Brasil se divide entre o antes e o depois do resgate dos beagles no Instituto Royal.

Minha história também. Foi naquele momento que resgatei totalmente a minha fé. Eu não dava mais a mínima para ter de volta um programa na televisão. Entendi que minha missão era bem maior que isso.

O que nossos olhos não veem, os animais sentem

Ainda com os olhos embaçados de sono, eu olhava minhas redes sociais. E foi uma notícia estranha que chamou minha atenção: vizinhos de uma fazenda em uma cidade dos Estados Unidos chamaram a polícia, pois um barulho terrível os perturbou durante toda a noite. Choro e gritos das vacas não deixaram a vizinhança dormir. Os policiais, então, foram até a fazenda averiguar a denúncia. Receberam a informação de que naquela noite separaram os bezerros das mães. "Daí, elas passam a noite toda chorando e gritando... É normal. Todo ano é a mesma coisa", declarou o fazendeiro para a imprensa.

"É normal." Foi esta frase a que mais me perturbou. Não sei quanto tempo fiquei na mesma posição olhando para o teto e repetindo: "É normal".

Eu não comia carne havia anos. Nenhum tipo de bicho. Eu batia no peito, orgulhosa por respeitar os animais. Lembro de um jantar com amigos de Gilberto, logo no começo do nosso namoro. Para meu desespero, todos na mesa pediram vitela. Tentei explicar a crueldade envolvida ali: "Apenas um neném. Retirado da mãe assim que nasce e condenado a viver três meses amarrado, sem poder se mexer direito e alimentado apenas com um sorinho para não criar músculos e continuar com a carne branquinha... Para depois ser abatido e vendido a altos preços como vitela!".

Mas ninguém conseguia me ouvir. Ou faziam alguma piadinha ou mudavam de assunto. Eu não conseguia entender como não se importavam. Enquanto devorava meu prato, uma massa com queijo, eu pensava: "Eles não podem abdicar de um pequeno prazer da gula que envolve tanto sofrimento aos animais?". Anos depois, a vida esfregava na minha cara a resposta. E ela não estava neles, estava em mim. Eu já sabia que vacas eram animais inteligentes e sensíveis. Já tinha tido a oportunidade de presenciar todo o amor de uma vaca por seu bezerro. Pesquisas recentes comprovaram que elas têm melhores amigas, mas eu nem precisava de estudo nenhum para perceber que sentem, sofrem.

Mesmo assim, eu era conivente e financiava a maior atrocidade que podem fazer com uma fêmea, com uma mãe! Durante sete anos, vacas são submetidas a um sofrimento atroz. Todo ano são estupradas e, assim que dão à luz, têm seus filhotes arrancados à força, o que, além de doloroso para a mãe, é aterrorizante para qualquer bebê, ainda mais um mamífero! Bezerros que não são mortos imediatamente choram por até 20 dias seguidos. No segundo ano em que dão cria, só de ouvirem o barulho do tratorzinho que carrega os bezerros, as vacas já começam a gritar e a chorar. Contudo, o sofrimento está só começando. Vacas leiteiras são tratadas como máquinas: a grande maioria é criada em ambientes fechados, em baias individuais, com espaço suficiente apenas para levantar e deitar.

Por serem constantemente ordenhadas por máquinas e consumirem rações e hormônios que fazem a produção de leite aumentar acima do normal para a espécie, as vacas sofrem de doenças como a mastite, que é a inflamação da glândula mamária, padecendo com muita dor. Como são ordenhadas por máquinas, mesmo com mastite não há descanso nem tratamento.

Eu e minha mãe, na época em que eu achava que ela era a Renata Sorrah

Quando eu ainda era apenas Marina, com minha vovó Luiza

Eu e minha irmã, Marcela. Quem vê a foto pensa que ela era muito bem-comportada

No palco: peça *O labirinto*, de Fernando Arrabal, no Teatro Escola Macunaíma

Me tornando Luisa Mell: Dino e eu

Formatura do curso de Direito na Universidade Presbiteriana Mackenzie com minha amiga Gislene Andretta

Nos bastidores do *Late show*, com Luiz Scalea

Em êxtase... Nadando com os golfinhos (livres!) em Fernando de Noronha

Marley filhote com seu "cocorocô"

Amigos de sempre: Ale Rossi e eu

Lutando pelo Direito dos Animais

Manifestação na Paulista pelo aumento da pena para quem maltrata animais

Mudando a história: com o então governador José Serra no dia em que ele regulamentou a lei que proibiu a eutanásia de animais sadios nos Centros de Controle de Zoonoses de todo o estado de São Paulo

Com meu amigo Chorão em sua pista de skate em Santos. Ele tentou me ensinar a andar de skate mas não deu certo. Morri de medo

Afogando as mágoas com minha amiga Josie na balada

Emoção: o nosso casamento

Não abandone seu peludo quando seu bebê chegar.
Marley, eu e Enzo na barriga

Bebês e cachorros combinam! Enzo com uma semana, rodeado de amor peludo

Enzo e seus anjos,
Marley e Gisele

Sempre a meu lado: Marley e Gisele me fazendo companhia enquanto amamentava Enzo

Irmãos: Enzo e Marley

Enzo tentando dar os primeiros passos e Marley sempre cuidando de tudo

Resgatando: salvando e sendo salva

Gisele, eu e nosso amor

Miniprotetor: Enzo bebezinho brincando com filhotes resgatados

Que papinha que nada! Enzo e seu pratão vegano!

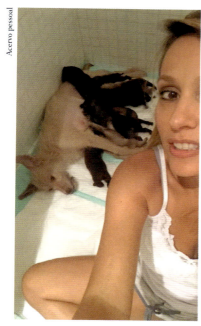

Felícia no evento de adoção em que encontrou um lar!

Minha casa, minha ONG: Felícia e seus filhotes na sala de pilates do Gilberto (que transformei em canil quando eu ainda escondia minha gravidez)

Canil dos infernos: o resgate dos beagles, que emocionou o Brasil

Me sentindo abençoada por minha musa Rita Lee

Rita Lee no Instituto Luisa Mell e eu me sentindo no céu

O dia em que fundamos o Instituto Luisa Mell

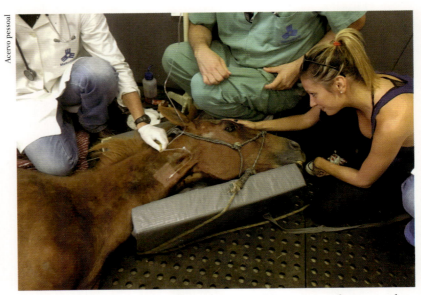

Invisíveis sofredores: o resgate da égua Vitória. Me apaixonando por cavalos e jurando lutar contra as carroças

Durante o resgate do canil dos infernos

Gilberto e eu, em uma de nossas últimas fotos com Marley... Que saudade

Amor: Gilberto e eu em Noronha. Boa forma graças ao veganismo

Carnaval sem penas e plumas e muito pique com a dieta vegana

Muita emoção durante o desfile da Águia de Ouro em 2017: fantasia linda e sem nenhuma crueldade

Aniversário do Enzo com Gilberto, minha mãe e meu pai.
E um monte de doces veganos!

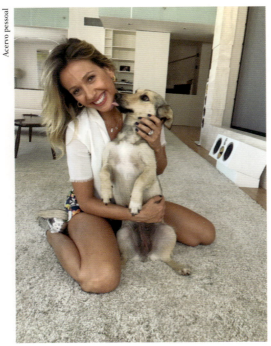

Pinguinha e eu
nos apaixonando
uma pela outra

E tudo isso "é normal" por minha culpa também! Todas essas atrocidades são cometidas por uma única razão: arrancamos um bebe recém-nascido da mãe para roubar seu leite!

Se os estudos de privação de contato materno feitos com macacos me deixaram tão horrorizada, qual era o motivo de eu compactuar com o massacre de bilhões de bezerros?

Tudo isso porque eu não podia abrir mão do meu queijinho? Não podia viver sem meu chocolate preferido? A decisão era óbvia, mas a execução parecia impossível. Ser vegetariana, apesar das piadinhas, era fácil em qualquer lugar. Todo restaurante, festa e mercado tinha opções vegetarianas. Mas ser vegana era praticamente uma ofensa para as pessoas. Virei a inconveniente, a diferente, a chata, a maluca. E um problema para qualquer anfitrião.

Até quem entendia e apoiava minha luta achava o veganismo muito radical. Logo que me tornei vegana, em um jantar de família, minha mãe — até ela, que sempre apoiou, lutou, chorou pelos animais — tentou me fazer desistir. Lembro de escutar, incrédula, as palavras que saíam de sua boca:

— Você já está muito magra. Imagina agora que é vegana! Vai ficar horrorosa, com cara de doente! E o seu casamento, como fica? Coitado do Gilberto. Como vocês vão sair para jantar? Como vão fazer nas viagens?

— Mãe, você está se escutando? Você não parece ser a minha mãe! Parece aqueles defensores do consumo de carne! São os mesmos argumentos que você sabe que são imbecis! E quer saber? Eu me envergonho profundamente de não ter me tornado vegana antes. Não existe defesa dos animais sem o veganismo! Você não come o bezerrinho mas rouba o leite dele? E, já que quer discutir, sabia que dois bilhões de pintinhos são triturados vivos todos os anos só por terem nascido machos e não terem utilidade para a indústria de ovos?

Evidentemente, depois dos meus argumentos, minha mãe se calou, mas no fundo ainda se preocupava muito. O problema não eram só os outros. Era eu mesma. Não comer carne para mim era fácil. Eu não sentia a menor vontade. Muito pelo contrário: me enojava. Para mim, era claro que era um defunto. Um animal morto. Só que com os derivados era muito diferente. Era uma luta interna constante. Eu sentia vontade, saudade de todas as minhas referências e preferências... E o pior: muitas vezes literalmente passava fome! Em muitos lugares simplesmente não existia nenhuma opção vegana. Muitas vezes nem sequer entendiam do que eu estava falando. E eu resistia e cada vez mais me fortalecia. Todo dia a opção de salvar ou matar está em nossas mãos, em nosso garfo, em nossas escolhas.

Para mim, já era muito claro: se eu queria mudar o mundo, precisava começar por mim mesma.

Do inferno para o céu

Foi em uma viagem para a Bahia que enfrentei minha mais difícil provação. Já era vegana havia 5 meses quando fui para um resort de férias com todos os meus enteados. Enquanto todo mundo se esbaldava com as dezenas de opções dos bufês, eu passava fome.

Em tudo, em cada opção oferecida havia um bicho morto ou algum derivado. O feijão, quando não tinha bacon, tinha caldo de carne. As saladas era lotadas de queijos. O pacote da viagem era de uma semana. Tentei voltar antes, contudo meu casamento passava por um momento horrível. Certamente, se eu fosse embora, não teria mais volta. Por isso decidi ficar. Mas foi terrível.

Se logo de cara os filhos do Gilberto simpatizaram com meu trabalho de resgate de cachorros e gatos abandonados, o mesmo não acontecia em relação ao veganismo. Os filhos mais velhos adotaram vira-latas e se tornaram ótimos pais de peludos, mas nem de longe pensavam em adotar o veganismo. Muito pelo contrário: algumas vezes fui apontada e, até, ridicularizada. E foi ali, naquele hotel, com milhares de hóspedes comendo milhões de animais de todas as espécies e em todas as refeições, que eu me desesperei. Eu tinha que lutar o tempo todo e as pessoas não se importavam. Se as atrocidades cometidas pela indústria alimentícia em relação aos animais me tiravam o sono e me provocavam incontroláveis ataques de choro, para as pessoas não eram relevantes perto das delícias que elas ofereciam. A dor dos animais só importava se fossem de cães e gatos. Os demais eram vistos como produtos, não como vidas.

Olhando para a varanda, eu chorei:

— É impossível, Deus. É impossível. O mundo nunca vai mudar. As pessoas não estão dispostas a se transformar por causa da compaixão pelos animais. O ser humano é um maldito egoísta.

Foi quando Gilberto ligou avisando que já iam buscar as malas. E foi esperando o carregador, olhando para o celular, que Deus me respondeu: "ONU recomenda dieta vegana para combater mudança climática", dizia uma reportagem. Eu não podia acreditar no que lia. Verifiquei mil vezes a fonte para saber se era confiável. E era. Li com atenção para não haver dúvidas. E era real:

> "Uma mudança global para uma dieta vegana é vital para salvar o mundo da fome e dos piores impactos do aquecimento global, diz novo relatório da ONU (...) A fartura de alimentos desenvolvidos está disparando uma dieta voltada para carnes, ovos e laticínios, porém, os animais usados nas três indústrias consomem a maior parte da produção agrícola do mundo e para mantê-los gasta-se uma enorme quantidade de água, fertilizantes e pesticidas. A pecuária, incluindo aqui produção de todos os

derivados animais, é responsável pelo consumo de 70% da água fresca do planeta".[2]

Foi ali que entendi a real dimensão e a importância do veganismo. Ele era a salvação da humanidade, não só dos animais.

Eu ainda estava em êxtase quando foram buscar as malas. Corri até a recepção. Emocionada e esbaforida, contei sobre os relatórios para o Gilberto e para todo o grupo. Mas ninguém pareceu se importar. Foi quando entendi que não era só com os animais que as pessoas não se importavam.

A verdadeira "verdade inconveniente"

Desde 2006, quando Al Gore, lançou seu documentário *Uma verdade inconveniente*, alertando a humanidade sobre os perigos do aquecimento global, o assunto entrou para a pauta do mundo. Todos os países começaram a olhar para a questão ambiental de maneira diferente. Acordos internacionais foram feitos com o compromisso de reduzir as emissões dos gases responsáveis pelo aquecimento global. Defender o meio ambiente, ao contrário de defender os animais, era considerado importante em quase todos os meios...

Campanhas na televisão, no rádio e em escolas falavam sobre a importância de reciclar o lixo, de tomar banhos mais curtos, de usar mais o transporte público, mas nem uma palavra sobre o relatório da ONU era dita. Nada sobre o consumo de carne.

E foi em um programa de entrevistas — ao qual fui chamada para divulgar minha campanha pela adoção de animais, o projeto

---

[2] Disponível em: <https://www.anda.jor.br/2010/06/onu-recomenda-dieta-vegana-para-combater-mudanca-climatica/> Acesso em 16 de janeiro de 2018.

#adotei (que já era um enorme sucesso!) — que enfrentei o ódio e a ignorância em relação ao veganismo pela primeira vez. Se eu conquistava a simpatia pelo trabalho de resgate de cães e gatos abandonados, causava repulsa e horror quando começava a falar do veganismo.

E não importava que eu desse dados sobre a fome no mundo, sobre as mudanças climáticas. Era o tempo todo tachada de maluca e até de burra. Mas a verdade ninguém cala. Tentam de todas as maneiras, só que chega uma hora em que ela aparece. Ela se impõe.

Um documentário lançado pela Netflix em 2015, *Cowspiracy*, dirigido por Kip Andersen e Keegan Kuhn, ousou e denunciou a principal causa de todo o grave problema ambiental que vivemos (e que vai piorar em breve).

> "A pecuária gera mais emissões de gases de efeito estufa do que todos os meios de transporte juntos. Estudos recentes mostram que 50% das emissões de gases de efeito estufa são decorrentes da pecuária. A pecuária é a maior responsável pelo desmatamento, consumo e poluição de água e é o principal motor da destruição da floresta, extinção de espécies, erosão do solo e pelas zonas mortas do oceano".[3]

O documentário perdeu seus patrocinadores quando estes souberam que seriam ditas verdades sobre a pecuária. Foi realizado graças ao produtor-executivo, Leonardo DiCaprio, um dos astros mundiais mais comprometidos com as causas ambientais e que colocou dinheiro do próprio bolso.

Assistindo ao documentário, entendi: não, não era pessoal. Não era o mundo contra a Luisa Mell. Não era um boicote a mim,

---

[3] Stockholm International Water Institute (SIWI); FAO (Food and Agriculture Organization of the United Nations); Worldwatch Institute

mas a tudo o que eu ameaçava com meu ativismo. Quanto mais eu estudava sobre o assunto, menos entendia a humanidade! Diziam que eu era maluca por me preocupar muito com os animais. A justificativa para isso, no fim, era a de que "as pessoas é que importam". E que pessoas importam?

- Mais da metade dos grãos produzidos no mundo são destinados ao gado e não às pessoas. Os mais de 800 milhões de pessoas que passam fome no mundo poderiam se alimentar com os grãos que o gado consome;
- 80% das crianças que passam fome vivem em países onde os grãos são destinados a engordar o gado, que é vendido a preços caros em países ricos;
- 90% do desmatamento da Amazônia é decorrente da pecuária. Mesmo a soja produzida por lá é usada para alimentar o gado. Quantas pessoas que dizem fazer de tudo para salvar a Amazônia estão dispostas a tirá-la do prato?

Até hoje, quando leio esses dados, fico estarrecida. Está em nossas mãos acabar com a fome do mundo, salvar os animais e o planeta. Por que não o fazemos? Por que fingimos que não temos o controle das coisas?

Mas e a minha saúde?

Em 2015, a Organização Mundial de Saúde publicou um relatório classificando as carnes processadas como grupo 1 de carcinogênicos para os quais já há "evidência suficiente" de ligação com o câncer. Na mesma classificação estão o tabaco, o amianto e a fumaça de óleo diesel. O relatório foi elaborado pela IARC, da OMS.

Mesmo assim, salsichas são sempre servidas em festas infantis! Escolas oferecem peito de peru como opção saudável de lanche! Alimentos comprovadamente cancerígenos: peito de peru é tão perigoso quanto o cigarro. Se o mundo fosse decente, esses alimentos seriam proibidos imediatamente. Mas não, continuam sendo anunciados como se fossem saudáveis e benéficos para nossa saúde.

Esse mesmo estudo classificou a carne vermelha — de boi, porco, carneiro, bode e cavalo — como um carcinógeno (produto capaz de provocar câncer) "provável" e entrou na lista do grupo 2A, que contém o glifosato, princípio ativo de muitos herbicidas. A Associação Dietética Americana (ADA) relata que o câncer de mama é mais prevalente em países onde as mulheres têm uma dieta com alto teor de gordura e baseada em produtos animais. Dezenas de estudos comprovaram a ligação de produtos lácteos com o câncer de mama. Mesmo assim, as campanhas de prevenção da doença não aconselham a diminuição da ingestão de produtos derivados do leite.

Foi só quando me tornei vegana que descobri que o leite estava em quase todos os produtos industrializados. Desde pequenos o leite faz parte de nossas vidas. Somos ensinados a amá-lo. Somos envolvidos no aspecto psicossocial do consumo do leite. Ele está em todo lugar, em cada momento especial, em qualquer propaganda, em qualquer prateleira de mercado, de todas as maneiras e formas. Desde pequenos ouvimos que tomar leite é indispensável para nosso crescimento, para nossa saúde e o fortalecimento dos ossos. Somos tão bombardeados que nem pensamos no quanto é estranho tomar o leite de alguém que não seja a nossa mãe. Qual seria a sua reação se te oferecessem um brigadeiro feito com leite de cadela? E que tal colocar no seu café um pouco de leite de macaco? E que tal um milk-shake com leite de porca? Para a maioria das pessoas, essas opções provocam repulsa, mas o leite da vaca parece ser fundamental para nós, não é mesmo?

Centenas de milhões de dólares são investidos todo ano pela indústria de laticínios e pelos processadores de leite para assegurar que as pessoas bebam leite e consumam laticínios. Nos Estados Unidos, por exemplo, são mais de 200 milhões de dólares. Uma parte desse dinheiro é usada para pagar a publicidade, outro tanto fica para os deputados e senadores que votam em questões que afetam a indústria de laticínios; associações como a ADA, que promovem o uso desses produtos, e universidades que financiam pesquisas positivas sobre o assunto. Certamente é por isso que temos tanta dificuldade para enxergar a verdade. Mas olhar dados com um pouco de atenção nos dá informações reveladoras. As vacas, antigamente, produziam cerca de 2 litros de leite por dia. Atualmente, são aplicadas novas técnicas de reprodução artificial de animais, tais como o uso de antibióticos, mudanças na alimentação e uso de hormônio de crescimento, o que tem feito uma vaca produzir até 24 litros de leite por dia! Obviamente, essa manipulação hormonal modifica todo o funcionamento metabólico do animal. E adivinha? Todos esses hormônios estão no nosso "leitinho saudável", juntamente com altas doses de antibióticos! Sem falar na quantidade de pus presente em cada copo. De acordo com dados da EMBRAPA (Empresa Brasileira de Pesquisa Agropecuária), uma quantidade significativa de vacas apresenta casos clínicos de mastite, como já contei aqui.[4] Essa inflamação, estimulada pelo estresse muito acima do normal, acaba sendo responsável pela contaminação do leite com células somáticas (vulgo pus) e sangue. Devido à inviabilidade da indústria de retirar as células somáticas — ou pus — do leite na entrega do produto final, a Contagem de Células Somáticas (CCS), um critério mundialmente utilizado por indústrias,

---

[4] SIMÕES, T. V. M. D.; OLIVEIRA, A. A. Mastite bovina, considerações e impactos econômicos. Embrapa: documentos. Aracaju: Embrapa, dez., 2012. Disponível em: < http://www.cpatc.embrapa.br/publicacoes_2012/doc_170.pdf> Acesso em 16 de janeiro de 2018.

produtores e entidades governamentais para o monitoramento de mastite em rebanhos e para a avaliação da qualidade do leite, foi definida no valor de 400.000 cel/mL. Ou seja, é permitida a quantidade de 400.000 cel/mL de pus no leite no Brasil, mas os médicos ainda nos dizem que precisamos de leite para proteger os ossos, não é mesmo?

Então, vamos aos dados:

- EUA, Inglaterra, Finlândia e Suécia são os maiores consumidores de leite e produtos lácteos, mas também são os países com maior índice de osteoporose e fraturas ósseas. Em contrapartida, em países como China, Japão e Vietnã, onde produtos lácteos não fazem parte da dieta, estão os menores índices de osteoporose e fraturas ósseas.
- Um estudo recente realizado por dois professores de Harvard, dr. David Ludwig e dr. Walter Willett, constatou que não há qualquer evidência científica que indique que o consumo de leite e derivados faça bem para os ossos, ajude a perder peso ou melhore a saúde. De fato, eles constataram que o leite pode causar constipação intestinal, inchaço no corpo, gases, diarreia, alergias, eczemas e acne.[5]

Admirável mundo novo

Quando virei vegana, em agosto de 2013, no Brasil o veganismo era um assunto pouco debatido, apesar de existirem veganos havia

---

[5] Disponível em: < https://www.forbes.com/sites/melaniehaiken/2013/07/02/lowfat-milk-may-not-be-as-healthy-as-we-thought-says-harvard-expert/#433b-f3481a04 > Acesso em 16 de janeiro de 2018.

décadas por aqui. Passei por centenas de situações até engraçadas de tão constrangedoras. Chorei sozinha depois de humilhações públicas. Perdi centenas de oportunidades de publicidade por me recusar a divulgar produtos de origem animal ou que realizassem testes neles. Senti uma tristeza profunda em comemorações e festas ao constatar que a felicidade das pessoas é celebrada com a dor e a morte de animais que ficam expostos em cima das mesas.

Ao mesmo tempo, eu começava a colher os benefícios da dieta sem crueldade! Por anos sofri com problemas de pele. Cheguei a tomar medicamentos perigosos e controlados — entre eles o Roacutan. Mas, desde que tirei o leite da minha alimentação, nunca mais tive problemas cutâneos! E não preciso de nenhum remédio ou creme específico. Por mais que muitos médicos recriminassem a dieta vegana, meu corpo é a prova viva dos seus benefícios! Passei a me sentir muito mais forte e saudável. Só que, menos de um ano depois, eu enfrentaria um novo e grande desafio.

Meu corpo não era mais só meu. Minhas decisões e escolhas não afetariam apenas a minha saúde.

Nada será como antes

— Luisa, você está bem? Você está branca! — me disse Luiz, assustado ao pegar o cachorro do meu colo.

— Foi só um mal-estar... Já está tudo bem — respondi.

— Tem certeza? Você está muito pálida...

— Tô bem já. Podemos prosseguir.

— Acho que ela está grávida — falou o veterinário da equipe.

— O quê? — perguntei, assustada.

— O abdômen está muito dilatado. Certamente está prenha — afirmou ele, ao apalpar a cadela resgatada.

Ri baixinho. E agradeci por ele não ter descoberto o meu segredo, de que uma vida estava se formando dentro de mim.

As gravações daquele dia para o programa do SBT (que acompanhava nossos resgates) estavam quase acabando e eu me sentia muito cansada. Não via a hora de chegar em casa e colocar as pernas para cima. Mas logo descobri que a noite seria longa.

Uma moça correu em minha direção ao me ver:

— Luisaaaaaa! Luisa Mell! Pelo amor de Deus, só você pode ajudar... Eles vão morrer lá dentro!

Entre lágrimas e desespero, ela me contou uma história de horror. Os dois cachorros que eu estava resgatando estavam na parte de baixo de um viaduto que estava em obras. Porém o drama maior acontecia na parte de cima: uma cachorra tinha entrado por um buraco na obra do viaduto e teve seus filhotes lá dentro.

E a moça continuou:

— Ninguém consegue pegá-los! Eu jogo comida para ela todos os dias. Mas os funcionários da obra já me falaram que vão ter que tapar o buraco para prosseguir com as reformas! Se fecharem, eles vão morrer lá dentro! Socorro!.

Achei a história tão absurda que quase não acreditei. Mas era realidade. O funcionário da obra nem se constrangeu ao confirmar tudo:

— Não posso quebrar a obra que já foi feita. E o próximo passo é fechar este pedaço. Nós vamos começar amanhã. Não temos tempo a perder. Temos que seguir o cronograma. Eu só cumpro ordens.

Eu, que ainda estava ofegante depois de subir a escadaria, não tive forças para brigar. Fiquei por um instante em choque. Olhando aquele fluxo constante de carros, caminhões, motos, aquele barulho, aquela confusão...

Fiquei pensando no desespero de uma grávida ali, sozinha, abandonada, tentando achar um lugar seguro para parir seus filhotes. Imaginei a morte lenta e dolorosa que todos eles teriam fechados naquele buraco. Fiquei tentando entender: como o ser humano pode ser tão desumano? Como um cronograma pode importar mais do que vidas? E decidi. Aquilo não iria acontecer, nem que eu tivesse que quebrar aquele viaduto todo com as próprias mãos!

Tentamos fazer o resgate, contudo não conseguimos. Ligamos diversas vezes para o corpo de bombeiros (que me auxiliou em vários outros resgates), mas dessa vez não recebemos ajuda.

O desespero foi aumentando... E o cansaço também. Se eu estava determinada a trabalhar como antes, meu corpo me mostrava que não iria ser bem assim. Não era mais apenas eu dentro dele! Um novo ser coabitava este corpo.

— Preciso sentar um pouco.

Luiz, preocupado, me acompanhou até o carro.

— Luisa, você tem que procurar um médico. Isso não é normal...

Tive vontade de contar para meu amigo de tantos anos. Me calei. Eu e Gilberto tínhamos combinado de manter segredo até os 3 meses. Como manda a tradição judaica. Mas a cada dia ficava mais evidente. Era tão pequeno e já me transformava. Fisicamente, emocionalmente... em poucas semanas, já mandava em minha vida.

Meu post, meu herói...

As horas se passavam, mas não tínhamos salários nem horários. Nossa única regra era lutar até o fim por cada peludo. E mais uma vez foi a força da internet que fez o impossível acontecer. Postei todo o meu desespero. Implorei por solidariedade e compaixão. E de novo a corrente do bem mostrou sua força!

— Alô? Luisa Mell? Aqui é o Pedro Guerra, assessor do Governador Geraldo Alckmin. Preciso que me explique tudo o que está acontecendo. Tenho ordens do governador para resolver a situação o mais rápido possível.

Já era noite, mas era urgente. Então, marcamos com todos no local, bombeiros, policiais e nossa equipe.

A gente tinha saído de lá para deixar os outros cachorros resgatados no veterinário. Um deles estava com a pata quebrada, não poderia esperar para ser medicado. E, no caminho de volta, a surpresa. Meu post teve uma grande repercussão, e 2014 era ano de eleição. E candidatos são candidatos... Muitos tinham me ligado oferecendo ajuda. Alguns foram até o local.

Quando chegamos, um deputado eleito com a bandeira de protetor de animais já tinha realizado o resgate. Tinha inclusive postado o vídeo do resgate em suas redes sociais... Correu para anunciar ao mundo que ele que tinha feito o resgate e não a Luisa Mell. Mas estava lá, me esperando para que eu ficasse com os animais. Era uma da manhã. As clínicas com as quais eu trabalhava já estavam fechadas.

Eu estava com dez cachorros no carro, e para onde eles iriam? Não tive escolha:

— Amor? Abre a porta de serviço para mim?
— Por quê? — perguntou meu marido.
— Ahhh, porque sim...
— Marina! Quantos desta vez?
— Depende do ponto de vista. Te amo! Tô subindo...

Não, não me abandone

Desde o primeiro momento, meu amarelo percebeu a gravidez. Se esconder das pessoas já foi difícil, do meu filho de quatro patas foi impossível! Ele ficou ainda mais grudado comigo. Encostava a cabeça na minha barriga. Me cheirava o tempo todo. Me seguia em cada passo, como se soubesse que eu precisava de cuidados especiais.

Eu me alegrava só de pensar nele cuidando do meu bebê. Imaginava Marley e Gisele enchendo meu baby de lambeijos.

Confesso que foi surpreendente descobrir que muitas pessoas abandonam seus peludos justamente nesse período de tanto amor. A gravidez e a chegada do bebê são épocas nas quais existe um dos maiores índices de abandono de pets. Muitas pessoas têm ideias equivocadas e acabam abandonando seus peludos por ignorância. Acham que os animais "podem passar algum tipo de doença" para seus filhos. Para combater esse absurdo, lancei a campanha *Não abandone seu peludo quando seu bebê chegar* para conscientizar, informar e lutar contra o abandono.

Se os cachorros já eram vítimas de rejeição na gravidez, com os gatos a situação era ainda pior! Mais uma vez, por ignorância, muitos têm a ideia errada de que grávidas não podem nem encostar em gatos! Que por meio deles correm o risco de contrair toxoplasmose... A toxoplasmose é uma infecção causada pelo parasita *Toxoplasma gondii*. É uma doença que costuma passar despercebida em pessoas sadias, mas é grave em pacientes imunossuprimidos e nas grávidas.

Muitas pessoas associam a toxoplasmose a gatos porque esses felinos são os únicos animais que, se contaminados com o toxoplasma, passam a eliminá-lo na fezes, servindo como fonte de contaminação do meio e de pessoas. Nos outros animais, o parasita fica alojado e adormecido nos músculos, motivo pelo qual a ingestão de carne crua é o principal fator de risco para a contaminação pela toxoplasmose.

Apenas 1% dos gatinhos transmite a toxoplasmose, e, para isso, eles precisam estar doentes e, principalmente, na fase de eliminação dos oocistos. Para alguém se contaminar com o toxoplasma, precisa ingerir a forma infectante, que nada mais é que os ovinhos germinados presentes nas fezes do gato contaminado. Ou seja, é preciso que as fezes do gato tenham contato com a boca. E tem mais: as fezes do gato infectado precisam ter contato com a boca depois de 48 horas que o gato tenha defecado, caso contrário os "ovinhos não germinam" e o ciclo não se completa! Tudo isso significa que, com noções básicas de higiene, não existe risco algum!

Meu ginecologista, o dr. Carlos Tiresznia, é um dos mais respeitados e renomados médicos de São Paulo, e sempre me disse que eu não corria risco nenhum por ter contato com animais desde que mantivesse os cuidados básicos de higiene. O grande risco de toxoplasmose é a carne crua! Mas muitos médicos liberam a ingestão de carne crua para gestantes e condenam os gatos. Dá para entender a humanidade?

Contei com a ajuda de grandes celebridades que posaram com seus filhos humanos e peludos para as lentes da querida Lidi Lopez, fotógrafa oficial da campanha.

Eu estava muito animada com o projeto e com minha gravidez. Tinha certeza de que Marley e Gisele cuidariam muito bem do meu filhote e seriam exemplos que ajudariam a conscientizar as pessoas.

Mas, nesse momento, o sonho virava um pesadelo. Marley começou a desmaiar. Ele caía, ficava inconsciente, se mijava todo. Era assustador. Cada desmaio era uma facada em meu peito. Eu não sabia o que fazer. Não sabia se ele voltaria. Eu chorava, chamava. E depois de alguns minutos, que pareciam uma eternidade para mim, ele voltava.

Levei-o a todos os especialistas e ninguém conseguia fechar o diagnóstico. Eu me desesperava. Fomos a cardiologistas, endocrinologistas, neurologistas. Marley foi internado diversas vezes, fez dezenas de exames, tomava remédios fortes... Mas os desmaios continuavam.

Minha barriga crescia a cada dia e a preocupação com Marley, também. Amigos, veterinários e familiares tentavam me preparar para sua partida, contudo eu não admitia. Não aceitava.

Eu rezava, chorava, implorava para Deus não levar meu filho amarelo naquele momento tão sensível e importante da minha vida.

Minha barriga já estava evidente. Marley não fazia mais xixi nem cocô. Ele estava deitado em uma mesa gelada do consultório veterinário. Estávamos tirando xixi pela sonda. Eu não conseguia me acalmar. Ele estava jogado, não reagia. Nem abanava o rabo para mim. Eu me descontrolei. Chorava tão alto, com tanta dor, que todos na clínica ficaram preocupados e comovidos. E foi no ouvido dele que implorei:

— Não me abandona, meu filho. A mamãe precisa muito de você agora. Seu irmãozinho vai chegar e eu preciso de você ao nosso lado.

"As lágrimas verdadeiras são capazes de abrir os portões do céu." Eu tinha lido essa frase em algum lugar, e só ela para explicar o que aconteceu ali. Ele se levantou e, para espanto geral, foi embora andando.

O veterinário me alertou sobre a importância de Marley fazer cocô. Então, resolvi dar um passeio na rua da clínica. Para a minha felicidade, ele conseguiu! Foi o cocô mais festejado! Ele voltou para casa. Mais uma vez, meu amarelo lutou, surpreendeu veterinários e continuou ao meu lado...

Cara de alcachofra não...

— Amor? Eu preciso comer alcachofra.

E eu precisava mesmo. Fechava os olhos e via alcachofra, sentia o gosto. Não importava o horário nem que não era época. Meu corpo pedia, precisava. Enquanto fazia meu charme e ameaças do tipo "Nosso bebê vai nascer com cara de alcachofra", agradecia baixinho por ter desejo de alcachofra.

Já tinha ouvido dezenas de relatos de mulheres que voltaram a comer carne na gravidez. Sempre achei que fosse mentira essa coisa de desejo. Mas agora sentia na pele. Eles existiam mesmo.

Enquanto Gilberto se desdobrava para descobrir onde achar alcachofra, eu pesquisava para tentar entender o que nosso corpo quer dizer quando tem algum desejo. Descobri que muitos nutricionistas e profissionais de saúde acreditam que as vontades são uma espécie de sinal do corpo sobre alguma carência vitamínica, proteica etc. E, assim que pesquisei sobre alcachofra, fiquei abismada com as maneiras como nosso corpo nos manda sinais importantes: alcachofras são fonte de ferro e ácido fólico. Uma alcachofra de tamanho médio contém 100 microgramas de ácido fólico e 12% da dose diária recomendada de ferro. Estes nutrientes são essenciais para prevenir a má-formação congênita. Alcachofras também são ricas em fibras, que ajudam a resolver problemas de prisão de ventre na gravidez.

Desde que tinha me tornado vegana, o feijão era obrigatório em minha dieta por ser ótima fonte de proteína vegetal e ferro. Mas, já nas primeiras semanas de gestação, não conseguia mais comer feijão. Só de sentir o cheiro eu ficada enjoada. Certamente meu corpo estava me mostrando outro alimento que forneceria nutrientes importantes para substituí-lo.

Outro lado bom do desejo da alcachofra foi que percebi que era hora de procurar ajuda. Meu ginecologista não via problemas na dieta vegana, mas não a conhecia a fundo. Por isso, procurei dois profissionais que me auxiliaram muito: o nutrólogo Eric Slywitch e a nutricionista Paula Gandim.

Grávida e vegana?

— Você acha que com esta dieta maluca que ela faz vai conseguir gerar um filho? Duvido que consiga. E, se conseguir, duvido que venha saudável.

Lembro do meu fisioterapeuta, um pouco constrangido, me contando desse comentário que ouviu sobre minha gravidez. E ele continuou:

— Poxa, fiquei até com raiva. A pessoa obesa querendo dar opinião na dieta dos outros...

Ainda achei que falava por maldade.

Por maldade, por preocupação, por curiosidade... Independentemente do motivo, os comentários surgiam por todos os lados. Familiares, amigos, jornalistas ficavam intrigados com a gravidez vegana.

Evidente que eu não fui a primeira grávida vegana do Brasil, no entanto fui a primeira pessoa pública. Logo percebi que era uma responsabilidade. Não apenas com meu filho, mas também com o veganismo e toda a filosofia. Sempre acreditei que uma boa alimentação era fundamental, mas, na gravidez, ela é sagrada. Quanto mais eu lia sobre o assunto, mais certeza tinha de que a primeira obrigação de uma mulher que vai se tornar mãe é a de se alimentar bem durante a gravidez. E isso nada tem a ver com comer por dois. É necessário duplicar os nutrientes, não as calorias.

Vou confessar: antes de engravidar, muitas vezes eu não me alimentava direito. Quem nunca passou um dia corrido só comendo umas besteirinhas? Na gravidez, virei um soldado! E, desde então, aprendi a me alimentar direito. Sempre. Foi um dos presentes que ganhei com a vinda do meu filho.

Sei que no começo o veganismo parece difícil. É divergente daquilo com que a sociedade está acostumada. Mas, quando você o torna um hábito, quando aprende as combinações, percebe como é maravilhoso se alimentar bem.

No final deste livro, você vai encontrar um miniguia com as bases da alimentação vegana. Ressalto que toda mulher grávida deve buscar o acompanhamento de um nutrólogo ou de um nutricionista antes de adotar uma nova dieta.

Quando sonhos se tornaram realidade...

E foi uma daquelas coincidências do destino que fez os meus dois mais sagrados sonhos nascerem praticamente juntos.

No dia 2 de fevereiro de 2015, na sala da minha casa, assinamos o Estatuto que constituiu o Instituto Luisa Mell de Defesa aos Animais e Meio Ambiente. Conseguimos unir um time de pessoas dispostas a fazer um trabalho sério e totalmente voluntário pelos animais. A partir desse dia, nunca mais estive sozinha na luta pelos peludos. Em todos os momentos tenho uma equipe unida que luta, trabalha, encara dívidas e desafios comigo salvando muitas vidas e fazendo a diferença.

Dez dias depois, durante uma das primeiras reuniões do Instituto, entrei em trabalho de parto. Depois de mais de 12 horas de muita dor e luta tentando o parto normal, tivemos que fazer um cesárea de emergência.

E foi assim que uma sexta-feira 13 virou o meu dia de sorte. Foi no dia 13 de fevereiro de 2015 que meu babyboy chegou ao mundo, com 3 quilos e 51 centímetros.

— Incrível! — gritou a enfermeira. Eu estava zonza devido à anestesia, lutava com todas as forças que me restavam para me manter acordada... Tinha passado a noite em claro, estava exausta, mas não poderia perder aquele momento único.

— Ele se virou sozinho! Acabou de nascer e se virou sozinho — falava a enfermeira, com voz de espanto.

Depois de alguns minutos, a alegria com a constatação dos médicos: todos os exames perfeitos. Sim, meu garoto, meu menino gerado em um ventre vegano, era absolutamente saudável.

No dia seguinte, no teste com o pediatra:

— Poucos bebês nascem assim tão fortes como ele — me disse o pediatra da família do Gilberto, um dos mais requisitados de São Paulo.

Evidentemente, toda mãe ficaria feliz ao ouvir um declaração dessas, mas, no meu caso, era além da preocupação normal com um filho, era a comprovação de toda uma filosofia e propósito de vida. Aquele ser minúsculo já nascia dando uma lição de amor e ética à humanidade. Sim, era totalmente possível uma gravidez vegana. Sim, meu bebê não só era normal como era um dos mais fortes que o pediatra já tinha visto. E eu não precisei matar nenhum animal para gerar um bebê forte e saudável. Todos os críticos vorazes de minha gravidez tiveram que se calar diante dos fatos. Mas eu sabia que estava só começando. Minhas declarações de que nunca daria nenhum tipo de carne para meu filho provocavam polêmicas e críticas na imprensa, nas redes sociais e até, pasmem, na família.

No entanto, eu estava disposta a educar meu filho com base nos valores que norteiam minha vida e minha jornada. A maternidade é sempre desafiadora, mas a maternidade vegana é também uma prova de resistência. É uma luta diária para manter a fé em seus valores de ética e compaixão com os animais em um mundo que os considera produtos, que os trata como escravos e máquinas. É ter a força e a ousadia de provar diariamente que é possível mudar o mundo.

Bebê e peludos:
amor não se divide, se multiplica!

Nenhum bebê chega de repente em nossa vida. Temos, geralmente, 9 meses para nos preparar. Ou, em casos de adoção, o tempo todo do processo. São meses em que sonhamos, planejamos, pensamos em nossa vida com um novo membro da família. Tem toda a fase do enxoval, de arrumar o quartinho... Sem dúvida, é um tempo importante durante o qual nos preparamos para essa grande mudança.

Agora, imagine se da noite para o dia chegasse um neném a sua casa. Sem aviso, ele mudaria toda a sua vida, a sua rotina. Você demoraria um tempo para se adaptar, não é verdade? Para o cachorro, não é diferente! De repente, chega um ser que transforma toda a vida dele. Em alguns casos, o bichinho passa a ser deixado de lado. Em outros, passa a ser proibido de circular por sua casa, como sempre fez. Ele, que até então era o centro das atenções, pode passar a ser rejeitado. Sabemos de casos em que, só de se aproximar daquele novo ser, o cachorro já leva uma bronca.

Não é difícil entender o motivo de muitos animais terem problemas de comportamento quando chega o bebê. E o pior: em muitas situações, depois de todo esse desgaste, o animal ainda é abandonado por "não se dar bem" com a criança! A verdade é que está em nossas mãos fazer com que a chegada do bebê seja um momento feliz para nossos peludos também. E garanto que é possível.

É claro que o ciúme é normal no início. Qualquer criança que ganha um irmãozinho sofre um pouco ao perceber que vai ter que dividir a atenção dos pais. Mas ninguém pensa em abandonar a criança por causa disso, não é? Simplesmente nos esforçamos para que ela entenda que não perdeu nada, que na verdade ganhou! E isso depende da nossa paciência e do nosso amor de pai e mãe. Com os animais não é diferente. Por isso, aqui vão algumas dicas importantes que vão ajudá-lo a aumentar sua família sem ter que deixar do lado de fora um de seus mais queridos membros.

Durante a gravidez

1) Se forem acontecer mudanças na rotina do animal depois que a criança nascer, é melhor que aconteçam durante a gravidez. Esta é uma dica muito importante. Por exemplo: se outra pessoa for dar a comida ou levá-lo para passear, é aconselhável que essa mudança aconteça antes da chegada do bebê, assim o animal já estará acostumado quando o nenê chegar.

Se você for limitar o acesso do animal a alguns cômodos, depois da chegada do bebê, é imprescindível que isso também aconteça antes do nascimento do neném. Devo deixar bem claro que aqui em casa isso nunca existiu. Meus cachorros continuaram com a mesma rotina e com livre acesso ao quarto do Enzo. Pesquisas sérias comprovaram que o convívio com animais desde o nascimento até os 5 anos de idade pode evitar uma série de alergias e doenças respiratórias. E a pesquisa da vida real aqui de casa também comprovou como é maravilhoso criar uma criança rodeada por peludos!

2) Acostume seu peludo com as coisas do bebê. O carrinho pode assustar seu pet, por isso mesmo aconselho você a acostumá-lo antes da chegada do baby. Deixe seu cachorro ou gato chegar perto, cheirar à vontade, explorar o carrinho, as cadeirinhas... Alguns adestradores indicam até que você já dê uma voltinha com o carrinho vazio com seu animal ao lado. Assim, ele já vai se acostumando e você vai conseguir passear com os dois depois sem problemas. Se o seu cachorro puxa muito ao passear, troque a coleira por um peitoral de adestramento e, se possível, chame um adestrador para ajudar você a passear com maior tranquilidade. E não custa relembrar: faça essas mudanças antes da chegada do bebê!

Uma dica válida, também, é pegar um boneco e vesti-lo com roupa de bebê e dar atenção para o bonequinho junto com o cachorro. Atenção: isso é um treinamento, então é importante que você leve a sério e aja como se realmente fosse um bebê. Você pode utilizar uma toalha enrolada também. É fundamental acostumar seu peludo ao novo estilo de vida. Você com certeza estará sempre com uma das mãos ocupada.

Durante minha gravidez, eu já ficava muito no quartinho do Enzo arrumando as coisas. Sempre deixava os peludos comigo, conversava muitos com eles, fazia bastante carinho para eles irem se acostumando com o ambiente no qual, após o nascimento do bebê, eu passaria quase todo o meu dia durante um período.

3) Acostume o cachorro com o choro de bebê. Graças à tecnologia, podemos fazer isto antes de o seu pequeno chegar. Pode ser um choro gravado no celular, no YouTube, tanto faz. Minha dica: coloque primeiro baixinho e vá aumentando gradativamente. O importante é sempre associar o choro do bebê a coisas boas para seu pet. Quando você colocar o barulho de choro, faça muito carinho no seu peludo, dê petiscos e todo tipo de agrado.

Importante: seu pet tem que estar com a saúde em dia. Verifique a carteirinha de vacinação e veja se a vermifugação e o controle de pulgas e carrapatos estão sendo acompanhados. Esses são os cuidados básicos que não podem ser deixados de lado.

A chegada do bebê em casa

1) Lembre-se de que cachorro percebe o mundo pelo olfato! Leve o cheiro do bebê para seu animal ir se acostumando. Grande parte das mulheres fica pelo menos duas noites na maternidade. Uma dica é que alguém leve, antes da chegada do bebê em casa, um paninho ou uma peça de roupa que tenha ficado em contato com a pele da criança. Assim, o animal vai se acostumando com o cheiro. E, claro, vai sempre associando a novidade a coisas boas, como carinho e petiscos.

2) Na hora de entrar em casa, o bebê não deve estar no colo da pessoa a quem o cachorro é mais apegado. Assim, essa pessoa estará com as mãos livres para fazer carinho no peludo. No meu caso, meu marido entrou carregando o Enzo no bebê conforto e o colocou no sofá. Eu os apresentei, deixei que os dois o cheirassem. Enchi meus peludos de carinho, mostrando que a chegada do bebê não havia diminuído o meu amor por eles!

3) Se o seu cachorro é mais agressivo e você não tem total controle sobre ele, apresente seu bebê com o cão na coleira e na guia para não correr riscos. Nesse caso, aconselho não deixar o bebê com ele sem supervisão.

4) Sempre que estiver com o bebê no colo, é importante falar o nome do cachorro para que ele se sinta incluído. Peça para outra pessoa dar petiscos a ele e faça carinho sempre que o bebê estiver presente.

Muitas pessoas acabam tratando mal os cachorros quando o bebê está por perto, mandam sair ou nem olham para eles. Por isso, os cães acabam associando o bebê a algo ruim. Faça justamente o contrário, assim seu peludo vai associar o irmão ou a irmã a coisas boas.

Da teoria à prática

Era madrugada. Acordei para amamentar, tonta de cansaço, como é comum nos primeiros meses do bebê. E, para meu espanto, tinha um cocô enorme na porta do meu quarto e Marley estava deitado ao lado dele.

Evidentemente, não é nada agradável passar por uma situação dessas. Na hora, com tanto cansaço e estresse, dá vontade de brigar com o cachorro, de dar bronca... Mas me controlei. Respirei fundo e tentei entender o que estava acontecendo. Marley nunca fazia cocô na porta do meu quarto. Nem dormia por lá. Ele amava a casinha dele. Sempre dormia lá, abraçado a Gisele. Certamente estava tentando chamar minha atenção, pois, apesar de eu tentar ao máximo incluí-lo, a rotina estressante estava me impedindo de dar mais atenção a ele. Eu não tinha percebido, mas Marley havia sentido.

Sabe, amigos, existem horas em que temos que educar, ser firmes, tanto com filho peludo quanto com filho gente. Mas temos que ter sensibilidade e perceber quando é hora de dar mais carinho. Ele não tinha como falar, e, para ser sincera, mesmo o ser humano às vezes não consegue expressar seus sentimentos corretamente. Muitas crianças ficam agressivas com a chegada do irmãozinho por precisar de mais atenção. E, se alguém está precisando de mais amor, por que não dar mais amor?

Foi o que eu fiz. Me esforcei ainda mais para dar mais atenção e amor para meus cachorros. Mesmo exausta e só tendo vontade de dormir, eu sabia que era importante para eles. E foi lindo. É emocionante o que o amor é capaz de fazer. Em pouco tempo, Marley e Gisele não só aceitaram o bebê como se tornaram guardiões dele. Quando eu colocava Enzo no chão para brincar, deitavam ali, um de cada lado dele. E não saíam de lá até eu tirá-lo. Quando Enzo dormia no carrinho, eles deitavam por perto. Quando alguém se aproximava do quarto dele, rapidamente os dois vinham me chamar, latiam e me levavam até o quarto para me alertar sobre um possível perigo.

Comprovei que a chegada do bebê pode ser maravilhosa para todos! Até meu amor pelos peludos aumentou. E olha que nem sabia que era possível amá-los ainda mais. Mas vê-los cuidando e amando o irmão que havia chegado fez meu coração se encher de amor, alegria e gratidão. Amor com amor se paga.

Instituto Luisa Mell: a concretização de um ideal

— Luisa, puta que pariu! Que coisa linda que você fez aqui! — Com os olhos cheios de lágrimas, foi assim que meu querido amigo João Gordo descreveu a sede do Instituto Luisa Mell.

E continuou:

— Aqui é um santuário de animais. Este lugar é sagrado. Parabéns, que lindo trabalho.

Foi ali que tive a certeza de que estava no caminho certo. Foi com a emoção de João e de sua esposa, Vivi, que constatei que meu ideal tinha virado realidade.

Durante muitos anos, desde que me envolvi com resgates de cães e gatos, sempre visitei ONGs e protetores de animais do país inteiro. E na maioria das visitas, saía destruída. Com o coração despedaçado. Por mais que muitos protetores se esforçassem e por mais nítido que fosse o amor verdadeiro que sentiam pelos animais, em parte dos abrigos eles vivem em tristes condições. Sabe, eu nunca vou entender quem abandona um animal. Não consigo aceitar quem, na primeira dificuldade, tem a coragem de jogar na rua um grande amigo. Mas entendo perfeitamente quem se descontrola por amor.

Conheci centenas de pessoas que vivem somente para cuidar de animais resgatados, pessoas que abriram mão de tudo apenas para dar amor aos rejeitados e abandonados pela sociedade. Me emocionei e aprendi muito com elas. E me assustei quando percebi que muitas perdiam o controle. Conheci protetores que, sem perceber, se tornaram acumuladores. Na tentativa de ajudar os animais que tanto precisam, algumas pessoas perdem a noção da realidade. E, por mais que a intenção seja boa, as consequências são desastrosas tanto para a pessoa quanto para os animais que ela tenta ajudar. Os bichinhos acabam vivendo em locais insalubres, em ambientes superlotados. O acumulador acaba pegando mais animais do que é capaz de cuidar. E o mais triste é que a pessoa não se dá conta e acaba transformando a própria vida em um tormento sem fim.

Meu maior medo era o de cair nessa armadilha do destino e da mente. Por isso hesitei tanto em ter minha própria ONG. Como sou muito conhecida por ajudar animais, recebo diariamente centenas de pedidos. Pelas redes sociais, por e-mail, por pessoas que me encontram nas ruas ou que até descobrem meu telefone. Meu maior desafio foi aprender a dizer não. Não só para quem me pede, mas principalmente para meu coração. Sim, minha compaixão não tem limites, no entanto meu abrigo tem. Tive que aceitar que não posso salvar todos, porém todos os que eu resgatar terão absolutamente tudo de que precisarem! Minha maior sorte foi ter encontrado pessoas dispostas a ajudar os animais só por compaixão, mas sem perder a razão. Conseguimos formar um time perfeito e juntos fazer a diferença na vida de milhares de animais.

Marcelo Glauco, um amigo importante na minha vida profissional, foi fundamental para a formação do Instituto. Foi ele quem uniu pessoas com o mesmo ideal. Além disso, é o nosso ponto de equilíbrio. Ele é o mais sensato. Não à toa, é o diretor financeiro. Quando estamos no vermelho, ele toma as rédeas e consegue nos fazer parar de resgatar até que as contas sejam pagas.

Priscila Rocha foi um anjo que apareceu na minha vida. Não mede esforços para ajudar o Instituto. Empresária, usa seus recursos e talento para ajudar os animais abandonados. Foi ela quem cedeu para a ONG — por dez anos, renováveis por mais dez — o terreno onde construímos nosso abrigo.

Sandra Pires, vice-presidente do Instituto, pau pra toda obra e a pessoa que tem mais tato e paciência para lidar com adotantes que já conheci em toda a minha vida. Não mede esforços nem tempo para concretizar uma boa adoção.

Marina Passadore, a Nina, nossa amada e brava veterinária. Não desiste nunca de uma vida.

O Instituto leva meu nome, mas ele só existe por causa de todos os que nos ajudam. Cada pessoa que doa qualquer quantia ou compra algum produto que ajuda nossa ONG é também a responsável por tudo isso. Cada um que doa seu tempo e trabalha como voluntário do nosso Instituto também é peça fundamental.

Abrigo dos sonhos...

Nem nos meus melhores sonhos imaginei um abrigo tão lindo quanto o nosso. São 27 mil metros quadrados de puro amor. Atualmente, temos um hospital veterinário próprio em nossa sede, que funciona 24 horas por dia, 7 dias por semana. Três veterinárias se revezam para atender os animais que chegam dos resgates, aqueles que estão internados por problemas de saúde e animais de pessoas humildes que não têm condições de pagar uma consulta. Nossa querida veterinária-chefe, Marina, montou uma equipe de veterinárias e enfermeiras que, além de competentes, são extremamente amorosas com os animais internados. Sempre me emociono quando flagro uma delas em alguma baia, apenas dando carinho para o animal doente. Todas lá sabem que cuidar de um animal vai muito além de medicá-lo. Os animais recuperados vão para nossos canis e gatis, onde aguardam uma chance de amor. Mônica, administradora-geral, é uma apaixonada por animais, assim como todos os tratadores e cuidadores. Não são raras as vezes que algum deles me agradece, emocionado, pela oportunidade de trabalhar lá.

Para a minha total realização, conseguimos ter uma grande área de soltura e divertimento. Sempre me angustiei ao ver cachorros saudáveis passando a vida presos em canis. Por isso, uma das minhas metas era ter essa área de recreação. Todos os dias, por turnos e em grupos, os animais são soltos nessa ampla área verde para correr e brincar como todo cachorro precisa e merece!

Visita de amor

Minha boca estava seca... Por mais que eu bebesse água, não melhorava. Não conseguia me acalmar. Era um misto de felicidade, muita ansiedade e um pouco de medo de que não fosse verdade. Fazia uma semana que eu sabia que ela iria visitar o abrigo, mesmo assim ainda não conseguia acreditar.

Nos últimos anos, Rita Lee quase não sai de casa. Vive em paz com seus bichos e seu marido e companheiro de vida, Roberto de Carvalho (outro apaixonado por animais!), em um sítio na grande São Paulo. Apesar dos inúmeros convites para programas de TV, entrevistas e homenagens de todo o tipo, ela fica mais na dela. No seu paraíso.

Eu olhava o celular o tempo todo com medo de que chegasse uma mensagem cancelando. Mas não... A mensagem que chegou era de confirmação: Rita estava a caminho! Na recepção do Instituto Luisa Mell, eu brincava com uma filhotinha maltês que tínhamos resgatado do canil dos infernos (conto tudo sobre esse resgate na p. 159). Ela era uma sobrevivente. Todos os seus irmãos morreram de parvovirose. Mas ela conseguiu vencer a doença. Olhando para aquele ser minúsculo, que já tinha sofrido tanto, relembrei: desde o começo do *Late show*, minha meta era entrevistar minha rainha Rita. A diva do rock nacional e a primeira grande artista do Brasil a apoiar pública e ferozmente a causa animal. Porém nunca conseguimos. Quando eu iria imaginar que, anos depois do fim do programa, eu iria realizar esse sonho de forma muito mais profunda?

Foi quando a campainha tocou.

Corri para a porta da recepção. Enquanto o carro entrava, meu coração quase saltava pela boca. Então ela surgiu. Meus olhos se encheram de lágrimas na mesma hora. Sim, ela estava ali. Pessoalmente no nosso Instituto.

E o tempo parou...

A emoção tomou conta de todos. Eu poderia ficar a vida toda ali, naquele abraço. E ficou evidente que ela também poderia passar a eternidade ali, sentada no chão recebendo e dando todo o amor para nossos resgatados. E os animais sabem de tudo. Pulavam para o colo dela! Era nítido que ela realmente se importava com cada um deles. Olhava nos olhos, parecia abençoá-los. O tempo todo convocava São Francisco de Assis. E confesso que senti que ele estava ali mesmo.

Vou fazer uma outra confissão aqui: havia muitos artistas que eu admirava e, quando os conheci, me decepcionei. Mas a Rita, ah, a Rita... Ela não faz tipo, não faz cerimônia. Ela simplesmente é... E todos percebem. Tão grandiosa e ao mesmo tempo tão humilde. Com toda a complexidade das grandes almas e ao mesmo tempo toda a simplicidade de um bicho que vive no abrigo.

Ver sua emoção genuína com nosso trabalho, receber seus sinceros elogios, foi uma honra que cada um de nós do Instituto nunca vai esquecer. E foi abraçada com a filhotinha de maltês, a sobrevivente, que Rita me perguntou sobre este livro aqui. Sua autobiografia, sucesso absoluto de crítica e de público, sem dúvida foi a inspiração para eu ter a coragem de escrever com tanta sinceridade. E Guilherme Samora, jornalista, fiel escudeiro de Rita (a quem ela chama de filho), é o grande responsável por estas duas realizações na minha vida. Eu o chamo de amigo, mas no fundo sei que é um daqueles anjos que apareceram em meu caminho. Foi ele quem me convenceu de que minha história renderia um interessante e inspirador livro. Foi ele quem me levou até a Globo Livros e quem me ajudou e editou esta obra. Como se não bastasse, foi ele quem levou a Rita ao Instituto!

E como a vida às vezes é realmente perfeita: foi naquele mesmo dia, no Instituto, tendo como testemunha ninguém menos que Rita Lee, que assinamos o contrato deste livro. Antes de ir embora, Rita ainda batizou nossa filhotinha branca como a neve de Ovelha Negra.

Ah, Rita... Desculpa, Chico, mas a Rita não levou meu sorriso... Ela trouxe.

Só a adoção salva

Por mais que nosso abrigo seja exemplar, todo cachorro e todo gato precisa mesmo é de um lar, de uma família. Abrigo tem que ser um local provisório, só até o bichinho estar recuperado, castrado e vacinado! Por isso, fazemos grandes eventos de adoção duas vezes por mês.

E nosso trabalho não acaba por aí. Um dos meus grandes orgulhos é o nosso pós-adoção. Além de todo o auxílio na adaptação, continuamos acompanhando os animais através de fotos e vídeos que os donos nos mandam. Quando suspeitamos de que existe algo de errado, alguém do Instituto vai até o local conferir. E eu faço visitas-surpresa periodicamente na casa de alguns adotados.

Salvando vidas, mudando destinos

Ela chegou quase morta ao Instituto. Desnutrida, desidratada, com o olho para fora, praticamente nem se mexia. Mas nós lutamos por sua vida até o fim. E, para nosso espanto e felicidade, ela sobreviveu e recebeu o nome de Milagres. Perdeu um olho, mas se recuperou totalmente.

Estava esperando uma chance em nosso evento de adoção. Apesar de ser pequena e dócil, era rejeitada por ser um animal especial. Já tinha sofrido tanto nesta vida... Estava na hora de ter uma chance de amor. Eu a mostrava para todos que passavam pelo evento, mas ninguém se interessava por ela.

Foi quando uma linda criança chegou com sua família. Sua mãe explicou para os voluntários que estava procurando um animal para a filha, que era autista. Os voluntários mostraram alguns animais para a família, mas a menina já tinha decidido: havia se apaixonado por nossa Milagres. Mostraram outros cachorros, alguns considerados "mais bonitos", filhotes... Mas aquela menina especial deu uma lição de amor.

Foi uma das adoções que mais me marcaram, tanto pela história da cachorra, cuja recuperação foi mesmo um milagre, quanto pela conexão que vi acontecer entre as duas ali na minha frente.

Meses depois...

Foi na empresa do meu marido. Eu tinha ido até lá entregar algum documento quando um homem me disse:

— Luisa? Eu queria te agradecer.

— Oi! Tudo bem? Agradecer?

— Sim, nós adotamos um cachorro com você!

— Ah, então eu que tenho que te agradecer — afirmei.

— De jeito nenhum. Você não sabe o que essa cachorra fez pela minha filha. Mudou a vida de toda a nossa família. Mais uma vez, obrigado.

— Mas qual cachorra? Qual o nome dela? — perguntei.
— Milagres.

Uma derrota e um juramento

Eu tentava esquecer a imagem. Tentava pensar em outra coisa. Repetia para mim mesma: "Eu não posso fazer nada, não tenho como ajudar". Rezava baixinho para que alguém fosse salvá-la. Mas o tempo passava e ela continuava lá...

A atualização do post quase cortou meu coração: depois de anos e anos de exploração, anos de escravidão, ela foi deixada para trás quando fraquejou. Quando seu corpo doente, cansado, não suportou a carga excessiva, foi abandonada à própria sorte. Ela estava havia 24 horas na mesma posição. Um dia inteiro. Sem nenhuma ajuda, nem compaixão. Jogada na rua, exausta, ferida, abandonada, humilhada. E eu não podia ajudá-la. Como resgataria uma égua? Não dava para colocar no meu carro. E para onde a levaria?

Eu não tinha muita intimidade com cavalos. Na infância, confesso, tinha até um pouco de medo. Porém aquele olhar não saía da minha cabeça. Resolvi postar. Minhas redes sociais tinham um grande alcance, certamente algum apaixonado por cavalos a salvaria. Em poucos minutos, o post tinha milhares de curtidas e compartilhamentos. Mas nenhum salvador. E eu continuava com os olhos fixos no celular, com Marley no meu colo.

Olhos no celular e meu coração lá com ela, jogada naquela rua do ABC Paulista.

Fui para lá com a cara, a coragem e meu amigo e protetor Rafael Leal. No caminho, já soube que o CCZ da cidade resgataria a égua, mas ela seria sacrificada. Depois de tanto sofrimento, seria esse o seu fim? Só conheceria a maldade? Só teria desamor nesta vida?

Quando cheguei lá, tive a dimensão do seu sofrimento. Ela tinha muitas feridas no corpo e um olhar que destruiu meu coração. Tão triste. Tão humilhada. Ela sabia de tudo... E logo percebeu que eu me importava com ela. Em poucos minutos, estabelecemos uma linda e emocionante conexão. Chorei quando ela encostou a cabeça no meu ombro. Chorei por ela e por todos os animais incompreendidos e massacrados pela humanidade. Consegui convencer o CCZ a me ajudar com o transporte até um hospital veterinário da região. Me comprometi a assumir toda a responsabilidade pelos seus cuidados e guarda.

Quando ela começou ser removida, me olhava bem no fundo dos olhos. Parecia confiar em mim.

No hospital, ela recebeu os primeiros socorros, mas o veterinário-chefe me alertou:

— O caso é muito grave. Ela está desidratada, com fraqueza extrema e fratura em uma das patas. Vai ter que operar. Mas, como está muito debilitada, vamos ter que esperar ela se recuperar um pouco.

Não desanimei. Ela merecia uma vida feliz depois de tanto sofrimento.

Ela nunca se recuperou. Foi pelo telefone que soube da triste notícia. Não tive tempo nem de me despedir. Foi lembrando daquele olhar de sofrimento que decidi. Foi escrevendo o post de sua morte que prometi lutar contra carroças, charretes e todo tipo de exploração. Tentei de todas as maneiras aprovar leis que os protegessem, continuo lutando para que empresas apoiem o cavalo de lata, uma opção sem crueldade para que os carroceiros possam trabalhar. Tem opção puxada por bicicleta e até motorizada. Mas o tempo do poder público e das mudanças é diferente do meu e dos animais que sofrem! Eles não podem mais esperar!

Por isso, nós do Instituto Luisa Mell começamos a agir e salvar! E foi assim, sem planejar, sem estruturas, sem condições. Foi somente por compaixão que começamos a resgatar cavalos, mulas, burros, jegues.

Sofredores invisíveis

Sempre me angustiei ao ver carroças, charretes, carruagens. Mas conhecer mais de perto a realidade dos animais que são escravizados foi assustador.

Animais com a pata quebrada são obrigados a continuar "trabalhando", éguas prenhas são chicoteadas para continuar a puxar suas carroças. Chegamos a resgatar um cavalo com o corpo parcialmente queimado, que estava havia meses ferido sem receber nenhum tratamento. Certamente tudo isso era culpa da sociedade, que ignora a dor dos animais. Lembrei das minhas férias da infância com meus avós em Caxambu, Minas Gerais, quando me levavam para andar de charrete. Eu não gostava, e não entendia o motivo. Eles achavam que era medo e me encorajavam. Infelizmente, não tenho mais meus avós vivos para contar a eles toda a maldade que envolvia nossas férias.

Tenho certeza de que eles não tinham ideia, assim como muitos que ainda hoje pagam por esses passeios. É por isso que dedico minha vida a despertar a consciência nas pessoas.

Luisa na cova dos leões

— Alô, filha? Nossa, estou muito assustada... Sinceramente, acho melhor você não ir. Acho muito perigoso.

— Como assim, mãe? Eu tenho que ir. Claro que eu vou. Não sou covarde. Não fujo dessa luta por nada.

— Marinaaaaaa! Onde você está? — gritava Gilberto da sala.

— Mãe, te ligo mais tarde.

Enquanto meu marido subia a escada do nosso apartamento, eu pensava na minha mãe. Desde que eu tinha me tornado mãe, entendia melhor as angústias dela quando eu enfrentava algum perigo.

Entretanto, mãe sempre exagera um pouco, pensei. Quando Gilberto abriu a porta do quarto, percebi que não era coisa de mãe. Ele chegou pálido, com cara de preocupado, e antes de me cumprimentar já foi falando:

— Marina, você viu as ameaças contra você? Até ameaças de morte. Acho muito perigoso. Melhor você não ir... Até no meu escritório as pessoas estão preocupadas.

Desde que o Supremo Tribunal Federal tinha considerado a vaquejada ilegal, por ser contrária à nossa Constituição, eu era xingada e ameaçada nas redes sociais pelas pessoas que exploravam os animais e ganhavam dinheiro com aquelas práticas monstruosas. Enquanto ficava apenas no mundo virtual, não me amedrontava. Naquela vez seria diferente. No dia seguinte eu iria para Brasília, participar de uma audiência pública sobre vaquejada na Câmara do Deputados.

— E eles estão levando dois mil vaqueiros para protestar na porta — me disse um assustado Gilberto.

O encontro marcado

Acordei bem cedo e com um aperto no peito. Coloquei um vestido preto de comprimento até o joelho, arrumei rapidamente o cabelo e saí antes mesmo de meu filho acordar. Gilberto me acompanhou até a porta e recomendou:

— Assim que você chegar ao aeroporto, os seguranças vão estar te esperando. Só sai de lá com eles. Entendeu?

Sempre detestei andar com seguranças. Mas daquela vez Gilberto me convenceu de que era necessário.

Durante a viagem, fui revisando meu discurso e pensando em quão absurda era aquela situação. O plenário do Supremo Tribunal Federal (STF), a mais alta corte do nosso país, tinha considerado a vaquejada inconstitucional, mas o Congresso Nacional, em meio a sua indigência política e moral, se valia de todos os recursos que tinha para legalizar essa prática de tortura sob o argumento de que era manifestação e patrimônio cultural. Desde quando torturar um ser indefeso pode ser patrimônio de alguma coisa? Que nível de ignorância assolava o Brasil para que o ato de derrubar um animal pelo rabo fosse considerado manifestação cultural? Que tipo de sociedade se diverte e aplaude o sofrimento do mais fraco?

Eu tinha laudos e laudos de universidades renomadas que constatavam as consequências nocivas à saúde dos animais na vaquejada: fraturas nas patas e rabo, ruptura de ligamentos e vasos sanguíneos, eventual arrancamento do rabo e comprometimento da medula óssea. Também os cavalos, de acordo com os laudos, sofrem lesões.

Muitos defensores da vaquejada — aqueles que me xingavam nas redes sociais — afirmavam que amavam cavalos, que eles eram muito bem tratados. Repetiam que eu era uma idiota que não sabia de nada. Eu ficava me perguntando onde eles estavam enquanto eu resgatava cavalos machucados, queimados, feridos... Certamente nosso conceito de amor era bem divergente. Eles só amavam cavalos que lhe davam lucros e prêmios.

Meus pés doíam. Na pressa, eu tinha me esquecido de que o aeroporto de Brasília era enorme. "Eu devia ter trazido outro sapato", pensava, já me sentindo cansada e com um dia de intensa luta pela frente.

— Luisa Mell? — Assim que saí, Vanessa, assistente do deputado Ricardo Izar, defensor da causa animal, me aguardava. Agradeci por ser ela.

Logo encontramos os seguranças contratados por Gilberto e seguimos para o Congresso Nacional.

— Milhares de vaqueiros estão na porta. Eles pagaram para que as pessoas viessem — relatou Vanessa.

Eu sabia. Me informaram que criadores que vendem cavalos para vaquejada fretaram ônibus para levar as pessoas. Ofereciam lanche e ajuda de custo.

— Agora, o pior você não sabe. Serão dez pessoas para discursarem a favor da vaquejada e apenas três contra ela.

Cada vez ficava mais claro que era uma luta entre Davi e Golias... Eu já tinha provas comigo de que os deputados e senadores defensores da vaquejada tinham vantagens econômicas com elas. Muitos tiveram suas campanhas financiadas por empresas que exploravam os animais e por patrocinadores das vaquejadas.

Os defensores da vaquejada tinham o poder econômico ao lado deles, mas nós tínhamos a justiça, a ética e a Constituição.

Que país é este?

Respirei fundo e rezei antes de entrar na sala em que iria acontecer a audiência. Mas, para meu espanto, fui aplaudida. Logo percebemos que ali só estavam os defensores de animais. Desconfiamos de que algo estava errado... e estava! Parecia uma armadilha. Somente minutos antes do início da audiência fomos avisados de que ela tinha sido transferida para outra sala. Saímos correndo pelos intermináveis corredores do Congresso.

Logo que entrei na outra sala, percebi que estava lotada de vaqueiros e apoiadores da vaquejada, certamente avisados da mudança bem antes de nós...

O show começou pra valer quando me reconheceram. Depois de segundos de burburinho, vieram os xingamentos, as vaias, agressões verbais. Mesmo com o início da audiência, a falta de respeito e de educação prosseguiu. Enquanto aguardava minha vez de falar, eu assistia incrédula a um show de horrores. Era vergonhoso constatar a falta de educação, de discernimento e de ética. Um deputado chegou a chamar o outro para a briga no braço para mostrar sua "macheza". Um terceiro chegou a afirmar que aquela discussão era uma bobagem, que os deputados iriam legalizar a vaquejada e pronto, afinal eles faziam o que queriam!

Todas as votações populares, inclusive as realizadas no site do Senado Federal, mostravam que a sociedade brasileira, em sua grande maioria, era contrária à prática da vaquejada. O Supremo tinha decidido que a prática era inconstitucional. O Conselho Federal de Medicina Veterinária deliberou pela posição contrária às vaquejadas, em função de sua intrínseca relação com os maus--tratos aos animais, e mesmo assim a maior parte dos deputados estava disposta a ir contra todos os órgãos, contra a decência, contra a ética e até, pasmem, contra a Constituição. Tudo para defender seus interesses pessoais e os de seus apoiadores. Havia muito tempo eu sabia que a bancada ruralista mandava no país, mas foi só ali que percebi a dimensão e os perigos que ela representa para nosso Brasil. Era evidente que os deputados já estavam decididos. Que nenhum argumento, nem técnico, nem ético e nem jurídico, os faria mudar de opinião. Os deputados da bancada não escondiam que, se fosse preciso, mudariam a Constituição para aprovar o que queriam.

    Quando chegou a minha vez de falar, aquele auditório quase foi abaixo. E em meio a xingamentos, agressões e vaias tentei fazer meu discurso. Foi quase impossível me fazer ouvir. Mesmo assim, não me intimidei. E foi ali, no microfone do Congresso Nacional, em sessão transmitida ao vivo pela TV Câmara e pelo meu Facebook, que acusei os deputados de não estarem realizando um debate, pois estavam defendendo seus interesses pessoais, já que eles tiveram suas campanhas financiadas pela indústria que explora os animais e apoia as vaquejadas. Gritavam que eu era mentirosa e me mandavam provar. No momento eu podia provar as doações de campanhas que foram declaradas, que estavam no site do TSE.

    Meses depois, em delação premiada, Joesley Batista e Wesley Batista, donos da JBS, Friboi, provaram ser verdade todas as acusações que fiz ali. Em suas delações, mostraram que grande parte dos políticos estava envolvida em um esquema imundo de propinas e corrupção. Provavelmente essa deve ter sido uma das razões pelas quais cortaram meu microfone quando ousei questionar por que a Comissão de Meio Ambiente da Câmara não discutia com seriedade um assunto urgente: os perigos da pecuária para a Amazônia e para todo o nosso ecossistema e meio ambiente. "Não existe uma indústria que prejudique tanto o planeta quanto a pecuária. É a maior responsável pelo desmatamento e pela poluição de água. É o principal motor de destruição da Floresta Amazônica, da extinção de espécies, de zonas mortas do oceano...".

    Infelizmente, não consegui concluir meu discurso. Eles calaram a minha voz, mas não vão calar a voz da natureza. Tive que sair de lá com seguranças para me proteger. Fui humilhada, xingada, agredida. Saí do Congresso arrasada por não ter conseguido alertar aquelas pessoas humildes para o fato de que elas estavam sendo manipuladas e condenadas a uma vida miserável por aqueles homens de terno que elas julgavam defendê-las.

Não consegui alertá-los de que a seca no Nordeste vai piorar muito nos próximos anos. E que não é um castigo de Deus, mas uma resposta da natureza. Infelizmente, não consegui alertar a população de que mudar a Constituição daquela forma tão vil era uma ameaça à nossa democracia. E que, se naquele momento eram os animais que teriam seus direitos, até então garantidos pela Constituição, arrancados, certamente em pouco tempo as vítimas seriam eles mesmos.

Rasgando a Constituição

Um mês depois dessa audiência, o presidente Michel Temer (também presente na delação de Joesley Batista) sancionou a PEC 50 — em tempo recorde —, que mudou o texto de nossa Constituição e elevou a vaquejada e os rodeios à condição de "manifestações da cultura nacional e de patrimônio cultural imaterial".

O que aconteceu foi tão algo tão absurdo que a lei descreve provas com nomes em inglês como patrimônio cultural do Brasil! Provas importadas, que vieram com os rodeios do sul dos Estados Unidos há algumas décadas e que a maioria de nossa população não sabe sequer pronunciar, são agora consideradas patrimônio cultural do Brasil, como *Bulldog, Team Penning* e *Work Penning*.

Menos de um ano depois, a bancada ruralista e o presidente Michel Temer comprovaram que os animais eram apenas as primeiras vítimas. Jornalistas, artistas, auditores, juízes e organizações do mundo todo criticaram quando o governo tentou mudar as regras para a fiscalização do trabalho escravo, no que muitos apontam como um "agrado" à bancada ruralista.

Primeiro levaram os negros
Mas não me importei com isso
Eu não era negro

Em seguida levaram alguns operários
Mas não me importei com isso
Eu também não era operário

Depois prenderam os miseráveis
Mas não me importei com isso
Porque eu não sou miserável

Depois agarraram uns desempregados
Mas como tenho meu emprego
Também não me importei

Agora estão me levando
Mas já é tarde.
Como eu não me importei com ninguém
Ninguém se importa comigo.

Bertolt Brecht

Choque de realidade

— Como assim comer peixe? Do que você está falando? Está maluca?

Quando ouvi Enzo, então com 2 anos e meio, indignado com uma amiguinha porque durante uma brincadeira de cozinhar ela falou que ia preparar um peixe, percebi que tinha chegado o meu tão temido momento. Confesso que já estava pensando, ensaiando a melhor forma de falar com ele sobre o assunto. Mas eu adiava, não sabia se era a hora. Acho que não me sentia preparada.

Logo na gravidez, já me dei conta de que a opção de criar meu filho no veganismo seria um grande desafio. Além de enfrentar as críticas da sociedade, eu mesma tinha de lidar com o fato de não conhecer nem uma pessoa da minha idade que nunca tivesse comido um animal morto em sua vida inteira.

Ouvi críticas de todos os lados, questionamentos de todos os tipos e enfrentei até um certo bullying na internet. Muitos diziam que eu estaria podando meu filho, infligindo a ele os meus valores. Mas como criar um filho com outros valores se não os meus? Como ensiná-lo a ignorar a dor de bois, galinhas, peixes, quando eu dedico minha vida a salvar animais? Qualquer família passa os próprios valores e tradições para seus filhos. Por que com o veganismo seria diferente?

Com o apoio de médicos e nutricionistas, aprendi a me alimentar e a nutrir meu filho de forma saudável e de acordo com meus ideais. Enzo sempre foi uma criança forte, esperta e com crescimento acima da curva normal. Andou com 10 meses e falou cedo.

Mesmo meu filho crescendo de maneira saudável, ainda causa indignação em alguns o fato de ele nunca ter comido carne. Por dezenas de vezes, percebi olhares de outras mães me julgando por não dar animais mortos para meu filho. Confesso que a mim também me causa indignação que continuem dando salsicha e outros embutidos para crianças, mesmo com o alerta da Organização Mundial de Saúde de que esses alimentos causam câncer. E criticam uma dieta baseada em vegetais, legumes, frutas, grãos e castanhas. Uma inversão que não entendo.

Nos últimos anos, porém, o mundo já mudou muito e as previsões são empolgantes. Para minha sorte, durante minha gravidez

— que me trouxe desejos malucos por doces — foi inaugurada bem ao lado da minha casa uma padaria com produtos totalmente sem lactose e sem glúten... Brigadeiros feitos com leite de amêndoas ou leite de coco evitaram que Enzo nascesse com cara de docinho.

Foi nessa padaria que descobri que as opções veganas cresciam, pois muitas crianças estavam nascendo alérgicas a leite e a ovos. Outras já nascem recusando carne, mesmo em famílias que repudiam o veganismo. A dona da padaria me contou que abriu o negócio depois do nascimento do seu filho, que é totalmente alérgico a glúten e lactose. Sempre que vejo Enzo se deliciando com o brigadeiro dela, acho curioso pensar que foi graças a outro neném que meu filho tem a sorte de ter doces deliciosos e veganos ao lado de casa. Consegui fazer festas infantis totalmente veganas para ele. Bolos, brigadeiros, beijinhos, pirulitos de chocolate, pão de queijo, coxinhas... Quase todos os alimentos já têm sua versão vegana, o que me ajuda muito em eventos sociais com Enzo. Sempre levo comigo as versões veganas das comidas preferidas dele. Sempre ofereço quando ele me pede algo que não é vegano.

Por algumas vezes, senti aquela tensão no ar. Percebi que as pessoas esperavam que Enzo fizesse um escândalo quando eu falasse para não comer algo. Mas, todas as vezes em que ele insistiu, abaixei, olhei nos olhos dele e disse:

— Filho, esse machuca os animais. Nós não comemos. Come este aqui que é vegano.

Ele sempre aceitou, sem escândalos, sem sofrimento.

Até então, eu não tinha entrado em detalhes sobre o que era machucar os animais. Até porque, como abordar um assunto tão complexo com uma criança tão pequena? É fácil ensinar uma criança a amar os animais... A grande maioria é sensível a eles. E foi só isso que eu fiz. Passei valores éticos e morais, nos quais acredito e defendo. Falei por várias vezes que os animais são nossos amigos e que por causa disso somos veganos.

Despertei a empatia de meu filho pelos animais contando histórias de baleias livres sendo felizes e baleias presas que choram em aquários e piscinas. Elas queriam mesmo era nadar em um oceano inteiro com a família delas, como tem que ser. E ele entendeu tão fácil. É realmente simples.

Mas o momento mais difícil tinha chegado... A realidade se impunha ali na minha frente, com toda a sua força e através da ingenuidade de uma criança de 6 anos, a amiguinha de Enzo, que o confrontava.

— Eu como peixe. Você não come? — perguntou a menininha.

E ele continuava indignado:

— Claro que não!

Tive que intervir:

— Nós somos amigos dos animais. Somos veganos. Não comemos nenhum animal.

Para minha surpresa, a garota parecia familiarizada com o veganismo e ainda me disse:

— Nem ovo?

— Nem ovo. Mas nós comemos muitas coisas gostosas. Um dia você vem na nossa casa e experimenta toda a nossa comida, tá bom?

— Tá bom! Eu quero — respondeu ela.

Foi nítido que, naquele momento, ela ficou bem mais interessada em virar amiga dos animais que o Enzo em comer algum bicho morto. Mas eu sei que não vai ser sempre assim tão fácil. Vivemos em uma sociedade na qual os animais são vistos como produtos, uma sociedade que os mata e os escraviza por qualquer motivo. Em todos os lugares, filmes, desenhos, em quase toda a nossa cultura, isso parece "normal".

Sei também que não é fácil ser o diferente. Ainda mais para uma criança. Quando comecei a procurar escola para ele, deparei com uma realidade triste. Já tinha feito a matrícula e estava em reunião com a nutricionista para passar as receitas veganas quando a diretora me falou:

— Ah, nós temos alguns animais aqui...

— Que animais? — perguntei.

Ela, então, me levou para um quintal pequeno nos fundos, com vários pássaros presos em gaiolas, um coelho e um cágado em uma laje de cimento. Foi ali que percebi que o desafio seria maior do que só conseguir lanches adequados para meu filho. Eu teria que questionar todos os valores da educação infantil.

— Para que prender pássaros na gaiola? O que vocês estão ensinando com isso? Coloque frutas nas árvores, plante árvores frutíferas e pode ter certeza: os pássaros virão. Garanto que é bem mais educativo ensinar as crianças a observar os animais tendo uma vida e não sendo prisioneiros!

A educadora me olhou com surpresa depois do que eu falei. Era claro que nunca tinha pensado sobre o assunto. Mas, além do conceito, os maus-tratos eram evidentes. Fiquei indignada com as condições totalmente inadequadas nas quais aqueles animais viviam. Um coelho e um cágado sem terra?

— Vocês não têm um professor de biologia nesta escola? Isto é uma barbaridade. Vou tirar o cágado daqui urgentemente.

Levei um biólogo para avaliar a situação. Daniel, da ONG Rancho dos Gnomos, confirmou que aquele animal teve crescimento inadequado e ainda estava com graves problemas de saúde devido à nutrição inadequada e ao piso de concreto no qual vivia.

E assim, aquele, que era para ser o primeiro dia de aula do Enzo, virou seu primeiro resgate de animais. Ele foi junto comigo tirar o cágado da escola e levar para um parque ecológico.

Se no princípio foi um pouco assustador criar um filho vegano, logo me dei conta da emoção de estar realmente contribuindo para a construção de um mundo totalmente novo.

Eu não sei quem o Enzo vai se tornar. Não depende só de mim. A maternidade me ensinou, entre outras coisas, que as expectativas que temos normalmente são diferentes da realidade, pelo simples fato de que existe outro indivíduo envolvido. Com suas próprias vontades e anseios.

Cada um tem seu próprio caminho e destino, mas faço de tudo para ensinar ao meu filho aquilo em que acredito. E, acima de tudo, para educá-lo com bons exemplos. Não posso decidir quem ele será, mas posso me esforçar para ser o melhor exemplo que eu conseguir.

Amor bandido

Eu tentava esquecê-lo... Achava que a distância seria suficiente. Não era. Nunca foi. Nos últimos anos, era sempre a mesma coisa. Só a proximidade com a data já me angustiava. Naqueles dias, enquanto todos festejavam, eu me refugiava em uma praia deserta, mas meu coração não me dava sossego. Eu tentava não ver, porém não aguentava e sempre acabava assistindo um pouco pela TV. O que só me deixava com ainda mais saudade. Afinal, era o Carnaval, um amor antigo, de toda uma vida.

Desde a infância eu amava me fantasiar e ir aos bailes no clube, mas foi na avenida, na frente da bateria, que tivemos nosso apogeu. Só que agora era um amor bandido, daqueles que a gente sabe que não são pra gente e mesmo assim não consegue tirar do coração.

Eu amava a batida perfeita da bateria. Meu corpo parecia ter vida própria quando ela começava a tocar. Mas minha consciência não me deixava ignorar toda a crueldade que existia por trás daquelas fantasias. Se no passado, assim como a maioria das pessoas, eu nem me questionava sobre a origem das plumas e penas, agora já sabia dos requintes de maldade que envolviam sua "produção".

Esses "materiais nobres" provêm de aves como faisão, pavão, ganso ou avestruz. E as penas não caem naturalmente. Trata-se de uma indústria bastante cruel. Para arrancar as penas das aves, são usadas "técnicas" como a do zíper: elas são levantadas pelo pescoço, as pernas amarradas e então as suas penas são arrancadas. Esse processo provoca dor, sofrimento e as deixa expostas ao sol e a infecções graves. A luta dos animais durante esse processo chega a provocar fraturas.

Nos últimos desfiles dos quais havia participado, minhas fantasias não tinham penas ou plumas, mas a escola inteira vinha revestida de crueldade. Por mais que eu amasse os desfiles, não dava para compactuar com essas atrocidades!

Então, tranquei esse amor no peito e só não joguei a chave fora porque sempre mantenho em algum lugar a esperança de que, um dia, tudo vai mudar...

Hoje o samba saiu... procurando você

— Luisa! O tema da Águia de Ouro do ano que vem é cachorro! Querem muito falar com você. Querem te homenagear!

Escutei umas 10 vezes a mensagem da minha querida amiga Lully, também ativista vegana, mas não ouvi nenhuma palavra sobre as penas e as plumas.

Liguei para o telefone indicado e assim conheci Renato Cândido.

Logo de cara eu o adorei. Tentei falar sobre as penas e as plumas, mas ele me convenceu de que o momento ideal para discutirmos tudo seria em uma reunião com o presidente e o carnavalesco da escola. Deitada, olhando para o teto, fiquei pensando...

misturando minhas lembranças de carnavais passados e sonhos de futuros carnavais.

De tudo, o que eu sentia mais saudade eras dos segundos antes de a escola entrar na avenida. O aquecimento da bateria e o grito de guerra da escola. Um momento único. Tinha cheiro de fé. De alegria, de união.

Sem dúvida, entrar na avenida para homenagear meus amigos cachorros parecia um sonho, porém a vida parecia só me iludir. Finalmente um enredo dos sonhos, um convite irrecusável para voltar...Mas...

— Luisa, acho melhor você nem ir nessa reunião. Eu não posso te acompanhar... e vamos ser sinceros: você não vai aceitar desfilar com plumas e penas, vai? — me disse Bob, um publicitário que na época me ajudava em alguns trabalhos.

— Eu, não. Claro que não. Mas posso tentar convencê-los a não usar!

— Ah, tá bom... Qual é a chance?

— Não importa... Vou tentar.

Esse era meu lema nos últimos anos. Mesmo que eu não tivesse nem 1% de chance, ainda assim eu tentava. Eu já tinha aprendido que estava aqui para transformar o mundo, então sempre encontrava resistência em tudo. Mas nunca posso deixar de tentar. Nunca sei qual porta está pronta para abrir. Apesar de a maioria fechar com força na minha cara, se só existisse uma brecha, eu tentaria abri-la.

E assim, com minha fé inabalável de volta, com meu coração transbordando de vontade de voltar e com o sonho de fazer uma revolução no carnaval, segui para a reunião na quadra da escola Águia de Ouro, junto com Glauco e Priscila, do Instituto Luisa Mell.

Era a sala do presidente, mas poderia ser uma sala do Instituto Luisa Mell. Eram gatos, cachorros, todos à vontade e literalmente donos do pedaço.

— Nosso presidente, Sidney Carrioulo, é um apaixonado por bichos. Resgatou vários das ruas. Aqui eles são os reis. Ai de quem ousar fazer alguma coisa para eles. Eles mandam na quadra... — relatou o sempre bem-humorado Renato Cândido, figura influente do carnaval paulistano. Antes mesmo de conhecê-lo, eu já gostava do presidente da escola. Era dos nossos. Se era sensível com cães e gatos, quem sabe seria com os outros bichos também?

Logo em seguida, ele e o carnavalesco da escola, Amarildo de Mello, entraram. Depois de breves apresentações, começaram a falar sobre o enredo de cachorros: iriam mostrar cães que ajudam, cães do cinema, cães do desenhos, cães heróis (guias de cegos, farejadores de explosivos, de drogas...).

— Imaginamos também um carro da proteção animal, onde você viria! O que acha?

É claro que uma parte de mim queria gritar: sim, sim! Uma parte de mim queria aceitar e festejar. Mas tive que ser fria e direta.

— Primeiramente, muito obrigada pelo convite! Estou amando tudo o que vi aqui, mas... eu não posso ir para a avenida pedindo para salvar os cachorros e sacrificando outros animais. As penas e plumas, não sei se vocês sabem, elas envolvem uma crueldade terrível com gansos, pavões... Acho que um novo tempo está começando. Temos que fazer um carnaval sustentável, sem crueldade.

Não lembro direito o que mais eu disse ali. Ou se disse mais alguma coisa. Mas um milagre aconteceu naquele momento.

Foi só no carro, no caminho de volta, que me dei conta.

— Meu Deus do céu! Eles aceitaram! Meu Deus do céu, pela primeira vez na história uma escola de samba do grupo especial ousaria desafiar tudo e vir sem penas e plumas.

Eles precisavam de apoio. Eu precisava ajudá-los a conseguir patrocinadores! Certamente, várias empresas gostariam de se associar a essa revolução, sonhava eu. Um carnaval sustentável teria que ser aplaudido de pé. Tantas empresas adoravam falar sobre sustentabilidade, mas agora era uma oportunidade de saírem do discurso e ajudarem a construir uma nova realidade. Já no caminho de volta, comecei a fazer uma lista de contatos que eu tinha em algumas empresas para marcar reuniões.

Minha carne é de carnaval...

Nos meses anteriores, eu evitava encarar o espelho de frente. Me angustiava ver meu corpo flácido e extremamente magro. Eu tinha perdido o peso que ganhara na gravidez, mas com ele foram meus músculos, bunda, coxa. Tinha tido a péssima ideia de trocar a musculação por treinos funcionais. Confesso que, para mim, aquela correria, pula-pula, elastiquinho, só me deixava cansada e magrela. Meus músculos só diminuíam. Praticamente desapareceram.

Fora isso, eu passava por uma fase pessoal terrível, o que me tirava completamente a fome. Naquele último ano, meu casamento tinha virado um inferno. Eu tinha usado todas as minhas forças para tentar salvar minha família. Desde que virei mãe, decidi fazer de tudo para não prejudicar meu filho. Por mais que eu sorrisse sempre para que Enzo nem imaginasse a tristeza que eu sentia, não conseguia fazer o mesmo em relação ao meu apetite.

— Luisa, precisamos conversar — disse meu médico.

— Nada nos seus exames justifica isto. Você está até desidratada. Quantos copos de água você tem tomado por dia? Quantas refeições você faz? Quais as quantidades? Acho que você está deprimida. Eu posso te orientar na alimentação e na suplementação. Mas, se você não consegue comer, não vai adiantar. Vamos marcar um psiquiatra para trabalhar em paralelo...

Eu ainda não tinha superado a morte da Gisele, talvez fosse isso. Mas, dias depois, não pude mais me enganar. A vida veio esfregou na minha cara o que eu me recusava a enxergar. Era muito difícil acreditar no que tinha acontecido conosco. Entre desentendimentos e brigas, meu sonho do casamento tinha virado um pesadelo.

No entanto agora eu era diferente. Eu não pensava em me matar, não existia a opção de ficar chorando pelos cantos com dó de mim mesma, me sentindo vítima do mundo. Iria lutar até o fim pela felicidade minha e de meus filhos, Enzo e Marley. E foi ali, de novo no fundo do poço, que decidi mudar tudo.

Pedi que Gilberto saísse de casa. E busquei apoio na minha família. Minha irmã, Marcela, estava procurando apartamento para alugar em São Paulo, pois estava de volta à cidade depois de uma temporada no Rio. Pedi para ela ficar um tempo comigo em casa para me ajudar. Eu tinha menos de um ano para me levantar e entrar na avenida de um jeito que me orgulhasse. Não falo só de corpo. Mas de alegria de viver.

Vegana e sarada

Durante os anos em que fui madrinha de bateria, eu me dedicava arduamente à dieta e à ginástica antes do Carnaval. Nunca almejei o visual das musas bombadas. Não tenho biotipo para isso. Sou pequena e magra. Mas musculação forte, suplementação e alimentação correta realmente faziam muita diferença no visual e, claro, para aguentar todo o percurso dançando sem cansar. Só que naquela época eu era vegetariana. Usava suplementos e os famosos whey protein da vida. E agora a história era outra. Seria possível conseguir um corpo sarado sem abrir mão do veganismo?

Eu já tinha ouvido falar em fisiculturistas veganos, mas era hora de me aprofundar no assunto. Para minha alegria, foi fácil descobrir que grande parte dos suplementos que eu tomava no passado tinham sua versão vegana disponível. Comecei a tomar dois shakes de proteína veganos por dia, incluí capsulas de BCAA e doses de creatina na dieta. Tudo com orientação médica. E foi seguindo as recomendações da minha nutricionista e do meu médico que abandonei o funcional e mergulhei fundo na musculação.

Em pouco tempo, a mudança apareceu. Meu personal trainer não me dava trégua. Se no início ele não acreditava no veganismo, aos poucos foi se interessando e aprovando.

— Poucas alunas têm tanta disposição quanto você. E realmente os resultados estão aparecendo muito rápido. Olha, eu tinha um pouco de preconceito. Ignorância mesmo. Mas com você, estou constatando que é possível, sim, ser uma vegana sarada — me disse Sidney Lopes.

Enredo do coração e a volta da paz

Era tarde da noite. No barracão da escola, o carnavalesco Amarildo me mostrava os desenhos do enredo. Eu não podia acreditar.

— Resolvi ampliar o discurso. Vamos mostrar o cachorro como um condutor dessa história e pedir pelos outros animais também.

Essa ala vai protestar contra as touradas; esse carro vai mostrar os golfinhos e baleias aprisionados nos aquários, enquanto teriam um oceano inteiro para viver; esse vai questionar os testes em animais; aqui, vamos mostrar o sofrimento do jumento carregando tanto peso.

Meu Deus... aquilo estava acontecendo mesmo? Uma escola de samba iria esfregar tudo isso na cara da sociedade em pleno Carnaval? Ainda pude notar que havia uma linda alegoria em homenagem ao filme *Marley e eu*. Mas, no meu coração, era uma homenagem ao meu Marley, que andava tão doentinho... Sai de lá nas nuvens. E com Gilberto.

A vida é cheia de caminhos tortos e enigmáticos. Nunca sabemos o que teria acontecido se tivéssemos feito outras escolhas... Mas, no nosso caso, foi um período separados que nos uniu. Foi no Carnaval que tiramos nossas máscaras. Foi quando eu menos esperava que Gilberto se transformou. Foi me acompanhado para os ensaios da "festa da carne" que ele virou vegetariano. Foi na dor que refizemos nosso amor.

"Picadeiro não é mata, nem piscina é oceano / Como faz Luisa Mell, defendam todos os animais/ Protejam esses companheiros que guiam, socorrem e que se arriscam por nós / são anjos mandados por Deus / que clamam um futuro melhor..." Todo ensaio era um presente. Não existem palavras para descrever a emoção que eu sentia toda vez que ouvia meu nome cantado por milhares de pessoas como exemplo de defesa aos animais. Eu tinha gostado mais de um samba que acabou não sendo escolhido, mas resolvi abraçar com todo o meu amor o samba oficial. Eu aproveitava cada minuto.

Dançava em todas as alas.

Cantava o samba como uma oração.

Agradecia por estar viva, pedia para Deus que o samba chegasse ao coração das pessoas.

E Gilberto, que antes não gostava de Carnaval, virou praticamente meu mestre-sala.

Como assim homenagear os animais?

Para minha tristeza, o enredo não foi bem recebido no mundo no samba. Eu lia incrédula os comentários que ridicularizavam a escola por homenagear os animais.

Eu já tinha desfilado em escola que homenageou uma estrada! Já tinha visto escola homenagear indústria, certamente por conta de patrocínio. E falar sobre os animais e o meio ambiente não era digno?

Nenhum patrocinador achou que o tema fosse importante. Não houve um grande apoio a um carnaval ecológico, sem crueldade. Não se falava, entre os comentaristas do desfile, sobre o que realmente era o enredo. Carros como o meu nem sequer tiveram destaque. Nele, vários animais foram homenageados. Por exemplo, Juma, a onça covardemente assassinada depois de ser usada de maneira vil e ignorante em uma cerimônia de condução da tocha olímpica. No meu carro estavam retratados também os jumentos que são explorados e obrigados a carregar pesos absurdos, o gorila que foi assassinado em um zoológico depois que uma criança despencou em seu recinto. Na parte de trás também havia um alerta sobre o cruel tráfico de animais.

E, para minha total desilusão, o resultado da apuração nos rebaixou.

Passei três dias sem forças para lutar. Sentia que tinha sido uma tremenda injustiça. Houve escolas com problemas seriíssimos no desfile. Problemas na evolução, problemas com fantasias, com carros alegóricos. Mas a nossa foi rebaixada. Os jurados fizeram duras críticas ao samba enredo e deram notas baixíssimas para ele, o que prejudicou profundamente a escola.

Eu ficava pensando em como a vida era injusta. Só por não submeter os animais à extrema crueldade de ter suas penas arrancadas para uma coisa tão fútil como uma fantasia, a escola já merecia um prêmio. Mas não... era punida. A humanidade realmente tem valores muito invertidos.

"Luisa? Você continua com a gente?", dizia a mensagem de Renato, dias depois do resultado do Carnaval 2017.

Demorei para responder, mas tomei coragem e escrevi...

— Se vocês continuarem sem penas nem plumas, estarei sempre lutando com vocês.

Enquanto aguardava a resposta, olhava para Gilberto. Dezoito quilos mais magro desde que se tornara vegetariano, ele agora tinha decidido virar vegano. Os médicos que sempre o acompanharam ficaram chocados quando viram os resultados dos seus novos exames. Finalmente ele não precisava mais tomar remédios para pressão alta, para colesterol, para ácido úrico... Sua nova dieta sem cadáveres e lotada de compaixão era o suficiente para que aqueles problemas sumissem. Eu olhava para ele e relembrava que alguns anos antes parecia impossível que aquilo fosse acontecer. Mas agora era realidade.

Quem sabe o mesmo não aconteceria com o Carnaval... Hoje parecia impossível, mas o futuro...

E a mensagem de Renato chegou e confirmou meu desejo.

"O sonho não acabou. Continuaremos sem plumas e penas... e com você! Claro!"

Me dê sua pata peluda, vamos passear, sentindo o cheiro da rua...

Eu me lembro exatamente do dia em que percebi. Foi na casa da praia. Em um final de semana qualquer. Que deveria ser como todos os outros. Mas não foi.

Marley e Gisele, que sempre passavam o dia na piscina, nadando e buscando as bolinhas, se recusaram a entrar na água. Não pularam... Não nadaram, não brincaram... Ficaram na beira da piscina deitados, só observando. Demorei para entender o que estava acontecendo... Na verdade, estava evidente havia um tempo, porém eu não queria enxergar. Vendo meu desespero, Marley ainda tentou. Entrou na piscina, no rasinho, mas nunca mais nadou.

Depois, foram nossos passeios. Nossos deliciosos passeios foram ficando cada vez mais curtos e mais lentos. Eles ainda tentavam. Tentavam correr e pular, contudo suas patas não aguentavam. Eles caíam quando tentavam correr atrás de mim.

Quando percebi, minha preta era metade branca. Quando dei por mim, meus bebês já eram velhinhos. Quando dei por mim, percebi que eles não ficariam para sempre ao meu lado.

Todo o amor que houver nessa vida

— O coração dele pode não voltar a bater em algumas destas paradas que o exame mostrou que ele faz — me disse a veterinária.

Achei que meu próprio coração pararia ao ouvir uma notícia tão devastadora. Meu Marley podia me deixar a qualquer momento. Eu não conseguia aceitar a possibilidade de perdê-lo. Mais uma vez, chorei e implorei que ele não me abandonasse.

Ele, mais uma vez, me ouviu. Mais uma vez, um milagre aconteceu e ele continuou ao meu lado.

Poucos meses depois, Dino, a primeira cachorrinha que tive, me deixou. E, logo em seguida, Gisele... E ele estava ali, ao meu lado. Sofremos juntos. Marley lambia minhas lágrimas e eu entendia seu olhar de tristeza e de saudade de sua companheira de toda uma vida. Meus gritos e choros de saudade dela não eram tão devastadores quanto a tristeza no olhar dele. Nunca mais entrou na casinha onde dormia com Gisele. Tenho certeza de que, durante meses, ainda esperava ela voltar... assim como eu. No fundo, mesmo sabendo que ela tinha morrido, toda vez que eu voltava para casa ainda sonhava encontrá-la. Assim como toda vez que ia à casa da minha mãe ainda procurava pela Dino.

Tive que buscar ajuda, tive que medicá-lo para tentar aliviar a tristeza. Aos poucos, ele foi melhorando e foi ficando cada vez mais grudado com Enzo. E Enzo com ele. Foi tentando se aproximar de Marley que Enzo engatinhou pela primeira vez. Foi se apoiando em Marley que Enzo ficou de pé pela primeira vez. Mamá, apelido que deu para o Marley, foi uma das primeiras palavras que meu filho pronunciou. Nunca me esqueço do dia em que ele engatinhou até Marley e deu um beijo nele.

Meses depois, um novo susto. Marley teve que ser operado às pressas, pois teve paralisia de laringe bilateral. Graças a Deus, mais uma vez sobreviveu. Sim, eu implorava para ele não me deixar. E, como em um milagre, ele surpreendia todos os veterinários e voltava para mim! E assim ele esteve ao meu lado em todos os momentos. Esteve nas alegrias e nas tristezas. Foi meu grande parceiro desta vida. Confesso que recorri a tudo que existe na medicina veterinária. Não medi esforços, nem pensei em dinheiro. Ele fazia acupuntura toda semana para aliviar as dores nas patas e na coluna. Quando seus rins começaram a falhar, tomava soro duas vezes por semana. E ele lutava. Lutava bravamente e com todas as forças que lhe restavam para cuidar de mim e do Enzo.

Eu me lembro de um dia em que tínhamos uma nova funcionária em casa. Marley quase não levantava mais, ficava a maior parte do tempo deitado. Na maioria das vezes, só levantava com minha ajuda. Mas, nesse dia, ele foi além de suas forças para cuidar do Enzo: a nova funcionária abriu a porta da sala, apenas para pegar o jornal, e Enzo saiu com ela. Marley então levantou, rapidamente, e foi correndo e latindo. E se colocou na frente do Enzo, impedindo que ele saísse até que alguém em que Marley confiasse estivesse por perto. Eu chorei. Me emocionei. Agradeci por ter um cãopanheiro tão leal nesta vida. Mesmo com dor, mesmo tão doente, ele não media esforços para cuidar da nossa família.

Sabe, todas as vezes em que ele ficou doente, corri para veterinário, rezei, implorei. Pode parecer até meio egoísta — e acho que é —, mas eu não conseguia imaginar minha vida sem ele. Sem o seu olhar que dizia mais do que todas as palavras que conheço. Sem seu corpo onde eu tantas vezes busquei consolo para as dores da vida. Ele sempre esteve lá. Quando o mundo virou as costas para mim, eu tinha apenas uma certeza: a de que Marley estava lá. Quando fui feliz, ele também estava lá, deixando tudo mais alegre. E tudo fazia sentido com ele.

Se muitas pessoas abandonavam seus animais na velhice, eu fiquei ainda mais próxima dos meus nessa fase difícil da vida deles. Consegui ver a beleza em seus pelos brancos, no bafinho de velhinho... Sua dificuldade para andar só despertou em mim ainda mais amor e compaixão.

Quantas vezes fiquei com dor nas costas para ajudá-lo com as dores dele? Quantas vezes deixei de viajar ou de passear por saber que o momento de nossa despedida estava chegando? Fiz tudo. E faria mil vezes.

E chegou um dia em que tudo foi diferente. Eu soube. Tive que pensar mais nele do que em mim. Chegou o dia em que não pedi mais que ele ficasse. Meu amor teve que ser maior que o medo de viver sem ele. Tive que deixá-lo ir.

Marley estava havia dias sem andar... Latia olhando para o nada... Não abanava mais o rabo. Passei noites deitada no chão, ao lado dele, me despedindo.

— Pode ir, meu filho. Você foi o meu melhor amigo desta vida. A mamãe nunca vai te esquecer. Mas a mamãe não quer que você sofra mais. Pode ir encontrar a Gisele. E, se Deus quiser, um dia vou me encontrar com vocês.

— Mamãe, por que você tá chorando?

— O Marley virou estrelinha, filho. Foi morar no céu...

Enzo correu até a janela.

— Mamãe, não estou vendo o Mamá no céu. Acho que ele vai voltar. Já sei, mamãe! Faz uma mágica para ele voltar!

Da noite para o dia, meu apartamento ficou gigante. Da noite para o dia, eu não queria mais voltar para casa. Durante tantos anos, minha maior alegria era chegar em casa e ser recebida com todo o amor que pode existir nesta vida. Da noite para o dia, chegar em casa era solidão e saudade.

Deus foi generoso comigo e me deu um filho humano antes da partida dos meus filhos peludos. Sem o Enzo, não sei se teria suportado.

Durante o dia, me esforçava para ficar bem na frente do Enzo, entretanto as noites eram escuras. As madrugadas de agosto foram de desgosto, choro e muita tristeza. Mesmo quando conseguia dormir, só sonhava com ele.

Uma noite, acordei assustada. Era madrugada ainda. É só um sonho, pensei. Mas eu estava acordada e continuava ouvindo os latidos do Marley. Não sabia o que fazer. Tentei dormir, mas continuava escutando seus latidos. Acordei Gilberto e, assim que ele despertou, os latidos pararam.

— Marina, você ainda está muito mexida, é normal — me disse ele.

— Eu escutei. Eu escutei, eu juro...

A verdade é que eu ainda podia senti-lo pela casa o tempo todo. Sentia que ainda estava ali. Mas escutar, realmente, parecia absurdo. Voltei a dormir.

Na manhã seguinte, fui acordar o Enzo.

— Mamãe? Tem um pelo aqui no berço, olha!

— Um pelo, filho? — perguntei, sem dar muita bola.

— É, mamãe, o Mamá tava no meu berço. Dormiu aqui comigo.

Você é a saudade que eu gosto de ter

Cada cachorro meu que se foi levou junto com ele um pedaço do meu coração. Mas, sem dúvida, também deixou um pedaço dele na minha vida, na minha história. Eu não seria quem sou hoje se não tivesse tido a sorte de ter convivido com cada um deles. Eles me fizeram encontrar a melhor versão de mim mesma.

Não é fácil a despedida. O tempo ajuda, claro. Mas a saudade é eterna. Assim como sinto pelos meus avós que partiram e por cada pessoa importante em minha vida que foi para outro plano. E a melhor lição de todas é: por maior que seja a dor de perder um peludo, ela nunca é maior do que toda alegria, ensinamentos e privilégio de ter vivido ao seu lado! Por isso, enquanto for viva, me permitirei amar e viver ao lado deles.

Dê uma chance para o amor entrar em seu coração

Eu ainda não me sentia pronta. Ainda sentia Marley pela casa, ainda chorava todas as noites de saudade do meu amarelo. Mas o destino... ah, o destino.

Lembro exatamente da primeira que vez que nos vimos. Minha querida Sandra, vice-presidente do Instituto, foi me mostrar a cachorrinha que tinha sido abandonada com os filhotes, todos recém-nascidos, na porta do nosso abrigo.

Muitas cadelas ficam mais agressivas nessa fase, tudo para proteger suas crias. Mas ela não. Estava muito assustada, era nítido o seu medo... Ela se aproximou. Abaixou a cabeça pedindo carinho.

Todas as vezes que eu entrava para ver seus nenéns, ela, literalmente, me abraçava. Me lambia, se jogava no meu colo. Começou a conquistar meu coração. Mas, quando pensei em adotá-la, me deu uma tristeza profunda, senti ainda mais saudade do Marley. Então, achei que ainda não era a hora.

Dias depois, soube que ela tinha sido castrada e que já estava no canil. Fiquei angustiada e triste. Me peguei pensando: e se acontece uma briga dela com outro cachorro no canil? Ela é tão dócil, tadinha. Quando dei por mim, ela já era a minha cachorra! Tenho carinho por todos os cachorros do abrigo, mas com ela era diferente! Ela já era minha! Decidi buscá-la. Quando contei para Gilberto que nossa menininha estava a caminho, fiquei tão emocionada que ele achou que eu estava grávida!

Fui, então, conversar com Enzo.

— Filho, vamos trazer uma cachorrinha para nossa casa?
— O Mamá não vai voltar mesmo, mamãe? Me fala onde ele está?
— Foi morar com Deus, filho, lá no céu...
— Ele não volta mais mesmo?
— Não volta mais, filho. Agora temos que dar chance para outra cachorrinha que nunca teve amor, nunca teve uma família. E você pode escolher o nome dela... Qual você quer?
— Pinguinha, mamãe!
— Pinguinha? — perguntei e dei risada ao lembrar que ela tinha umas patinhas curtas, parecia mesmo um pinguim.

Não sei de onde Enzo tirou esse nome, mas achei diferente e simpático. E juntos fomos buscar nossa Pinguinha.

Quando ela chegou em casa, não foi fácil. Tão traumatizada, tão sofrida. Tinha medo de tudo. Tentava se esconder em qualquer buraco para se proteger. Seu rabo tinha sido cortado, provavelmente por maldade de alguém. Seu olhar me contava tudo o que já tinha sofrido nesses anos na rua. E eu fui me emocionando. Sabia que podia fazer a diferença na vida dela. Hoje, enquanto escrevo este livro, ela está em nossa família há dois meses e tudo já está diferente: Pinguinha perdeu o medo e me olha com tanto amor e gratidão que eu não poderia fazer outra coisa a não ser amá-la e agradecê-la por ela ter me escolhido. Obrigada, Pinguinha.

Fábrica de filhotes

Sexta-feira, 29 de setembro de 2017

Meus olhos não podiam acreditar no que viam. Como alguém poderia ser capaz de tantas atrocidades?

A cada porta que abríamos, mais dor e sofrimento. Dezenas de cães confinados em locais imundos, explorados até a exaustão. Feridos, sujos, com fezes misturadas aos pelos, machucados, traumatizados... Usados como máquinas para "produzirem" filhotes que eram vendidos a preços caros.

Aqueles olhares assustados nunca sairão da minha lembrança. Nunca. Um armário lotado de roupas novas e caras para cães revelava o esquema de exploração e enganação. Quem financiava aquelas crueldades provavelmente nem imaginava o que acontecia naquela casa. Olhando para aquelas paredes imundas, eu pensava em quantos animais já tinham sofrido ali. Foi quando escutei gritos de horror:

— Luisaaaa! Luisa! É ainda pior... Tem muitos animais na lata do lixo! Todos mortos.

A véspera

Segunda-feira, 25 de setembro de 2017
22h
Reunião da diretoria do Instituto Luisa Mell

Fui para a reunião decidida. Não podíamos mais crescer. Aquela estrutura toda era um sonho realizado, mas estava me causando pesadelos constantes. Todo mês era uma luta para pagar as contas. Quando dei por mim, entre veterinários, enfermeiros, tratadores e faxineiras, o Instituto já tinha dezenove funcionários! E nós continuávamos em obras. Estávamos construindo uma maternidade, uma enfermaria, uma ala de quarentena...

Sem dúvida toda essa estrutura nos ajudaria a salvar mais vidas, mas eu precisava de apoio para continuar.

Eu tentava conseguir parcerias para lançar novas camisetas e produtos, mas, depois de dezenas de reuniões, as empresas davam para trás ou adiavam o projeto. No Instituto, nós recebemos centenas de pedidos de resgates todos os dias, e, como não podemos atender a todos, sempre priorizamos os animais que estão em pior estado. Consequentemente, nossos gastos com veterinários são altíssimos. E ainda estávamos com mais de dez cavalos resgatados de maus-tratos sob nossa responsabilidade.

— Mas e os artistas? As blogueiras, os youtubers? — me questionaram na reunião.

— Se eles forem até o abrigo, se mostrarem nosso trabalho, podem ajudar muito. Quando você levou aqueles artistas, nós tivemos bons resultados! — disse Sandra, vice-presidente e responsável pelas adoções.

Alguns meses antes, eu tinha conseguido levar Giovanna Chaves, Gianne Albertoni, Helinho Calfat, João Gordo, Ale Rossi e sua Estopinha.

— Eu sei, gente. Eu estou tentando. Estou aguardando agenda de alguns, tentando contato com outros. Está difícil, mas eu continuo tentando. E quanto aos resgates? — indaguei.

— Temos algumas denúncias de canis clandestinos para investigar — informou Nina, nossa veterinária.

— Gente, nós não temos condições de fazer isso agora! É muito arriscado! — esbravejou Glauco, chefe do financeiro. Além dos enormes gastos para resgatar centenas de animais de uma vez, ainda corremos um risco seriíssimo, porque o Instituto fica apenas como fiel depositário dos animais! Não podemos castrar, não podemos doar até sair a decisão judicial. Como vamos manter o abrigo assim? Vai paralisar nosso trabalho! Uma ONG de Campinas teve que devolver os animais depois de alguns meses do resgate por determinação judicial! — completou ele.

— Bom, eu acho que temos que abordar este assunto. Temos que alertar as pessoas. A maioria não tem ideia das crueldades envolvidas na criação de cachorros. Estou estudando muito esse assunto, estou horrorizada. Tenho certeza de que as pessoas nem imaginam... Mas temos que ter provas concretas. Nina, você me manda as denúncias? Vou investigar e aí decidimos o que fazer — falei.

— Luisa, nós estamos no vermelho! Não temos como dar um passo desses... — alertou o sempre prudente Glauco.

Saí da reunião como coração apertado. Lembrei dos cães que tinha resgatado em canis clandestinos. Salas escuras, sem janelas, trancados em gaiolas, procriando sem parar até não servirem mais. Lembrei dos cães de raça idosos abandonados, resgatados por mim em locais próximos a criadores de cães. Certamente, matrizes exploradas a vida inteira e descartadas quando não eram mais "úteis". Chorei ao lembrar que raças muito populares hoje em dia eram uma maldição para os animais: selecionadas apenas por conceitos estéticos, são condenados a ter uma vida sofrida, com problemas de saúde crônicos, com dificuldade até para respirar!

E, no caminho de volta, decidi: se alguma denúncia tivesse provas concretas, eu não hesitaria...

Durma com um barulho destes...

Quarta-feira, 27 de setembro de 2017
23h15

Foi pelo WhatsApp que Luiz me chamou.

"Luisa, desculpa a hora, mas estou com uma puta denúncia de um canil clandestino. Tenho vídeos."

"Manda!", respondi.

Enquanto baixava o vídeo, pensei na coincidência. Fazia tempo que eu não trabalhava com Luiz. Nos últimos anos, tínhamos nos afastado. Mas mesmo de longe mantínhamos muito carinho um pelo outro. Quando comecei a assistir aos vídeos, não pude acreditar. A imagem era escura, mas a crueldade era nítida. Choros e gritos de cães espancados com um cabo de vassoura por uma senhora.

"Que filha da puta, covarde! Não podemos permitir que continue! Você tem ideia de quantos animais estão lá?", perguntei.

"A denunciante falou que cerca de oitenta."

"Meu Deus! Me dá uns minutos... Vou falar com o pessoal do Instituto..."

Minha sorte é que não precisei de muito para convencê-los. Foi só mandar o vídeo.

Todos no instituto são apaixonados por animais.

Por isso ninguém dormiu naquela noite.

Quinta-feira, 28 de setembro de 2017

— Estamos preparando o abrigo para recebê-los. Você confirmou com a delegada?

— Sim, com a delegada e com o Centro de Controle de Zoonoses de Osasco. Todos vão nos acompanhar. Marcamos às dez da manhã na delegacia — disse Luiz.

Queria que fosse mais cedo... Aquele era um dia especial para o judaísmo, o Yom Kippur, o Dia do Perdão. Começamos a jejuar às 5 da tarde. Por isso, eu tinha que estar de volta até as quatro para jantar e iniciar o jejum. Não teve jeito.

— Bom... Então está marcado! Vamos com tudo!

Ao desligar, lembrei que minha mãe tinha comentado que este Yom Kippur seria muito especial. Quando contei para o Gilberto, ele ficou nervoso.

— Mas no dia em que começa o jejum? Você não pode se atrasar. Não dá para ser outro dia?

— Não... Tem que ser amanhã. Não posso deixar que continuem naquele inferno.

Sexta-feira, 29 de setembro de 2017
10h

Equipe completa, seguimos para o local junto com a delegada de meio ambiente, Cristiane Pires, e alguns funcionários do Centro de Controle de Zoonoses de Osasco.

— Bom dia. Sou delegada do meio ambiente. Estamos aqui porque recebemos uma denúncia de maus-tratos. Precisamos entrar para fiscalizar — disse a delegada ao homem que nos recebeu na porta.

Em seguida, apareceu a senhora do vídeo. Quando me viu, ainda debochou:

— Ah, que maravilha. Vou ficar famosa.

Mas, para a delegada, tentou se fazer de coitada. Disse que estava com problemas nas mãos e "por isso o canil estava sujo". Eu só conseguia pensar que para bater nos animais ela tinha força nas mãos. Porém me calei. Estava esperando o momento certo para confrontá-la. No fim, a realidade era bem pior do que eu imaginava.

Munida de um celular, fui revelando um filme de horror! A cada cômodo em que eu entrava, um cenário ainda pior e desesperador. Alguns dos bichinhos nem pareciam mais cachorros de tanto pelo embolado e misturado a fezes e urina. Nem conseguiam se mover direito.

— Você tem ideia da dor que isso causa neles? — me disse a veterinária que nos acompanhou.

Encontramos cabos de vassoura em todos os lugares. Eu me desesperei, chorei, xinguei, rezei... E não me controlei quando achamos filhotes mortos em sacos plásticos, na lata do lixo.

E parecia não ter fim...

— Luisa, já passamos de cem animais! — disse outro veterinário do CCZ, que fazia o laudo de cada um.

— Meu Deus! Ainda há muitos lá dentro.

Eu não conseguia comer nada... Tinha tomado café da manhã às sete horas com meu filho. Já se passava das duas da tarde. Era tanta sujeira, tanta crueldade e tanto desespero. Eu tinha mais de cem animais em péssimo estado para cuidar. Meu telefone tocou. Quando vi que era Glauco, do financeiro do instituto, nem tive coragem de atender...

Fui ao banheiro na casa de uma vizinha do tal canil. Lá chorei baixinho e rezei:

— Deus, não me abandona agora. Me salva. Eu não posso mais aguentar. Eu não sei o que fazer. Preciso de um milagre para continuar...

Eu estava arrasada após presenciar tanto sofrimento. E desesperada ao pensar em como daria conta de tantos animais.

#135 animais e 1 milagre

Acabamos de carregar os carros. Eram 135 animais resgatados que precisavam de atendimento urgente. Muitos estavam quase mortos. A noite no abrigo seria longa... Convocamos voluntários, parceiros, toda a nossa equipe de veterinários. Dei o aval para Nina, nossa veterinária, comprar o que fosse preciso. Eu daria um jeito.

Eu tinha que voar para casa a fim de começar o jejum... E já no caminho percebi que algo tinha acontecido. Meu número de seguidores nas redes sociais aumentava a cada minuto, mensagens chegavam pelo celular — eram pessoas querendo ajudar! —, a imprensa estava toda atrás de mim. Foi jejuando, na sinagoga, que percebi a dimensão do que tinha acontecido. Era um país inteiro comovido, preocupado e querendo ajudar.

Eu não podia acreditar.

Eu não estava só. Milhões de pessoas também se importavam.

48 horas de luta

— Corre! Pega a adrenalina...

Enquanto Nina fazia massagem cardíaca, Andressa aplicava a injeção de adrenalina e outra veterinária o entubava.

Era apenas um nenenzinho. E já uma vítima da ganância humana! Estava com pneumonia. Foram minutos de luta pela sua vida. Enquanto as veterinárias faziam de tudo para salvá-la, eu pensava no quanto o ser humano era cruel. Aquelas últimas 48 horas tinham sido devastadoras para nós.

No Instituto, descobrimos que a situação era ainda mais dramática. Eles estavam com sérias infecções. A tosa nos revelou feridas terríveis debaixo daquele emaranhado de sujeira e pelos. Os exames de sangue deixaram nossa equipe veterinária perplexa. Mas nosso lema é lutar por cada vida até o fim.

Fizemos de tudo... mas ela nos deixou. Eu nunca me acostumo com essa dor e desilusão. Sempre me sinto arrasada e frustrada por não ter tido tempo de mostrar para um animal que sofreu que existem humanos que os amam. E foi ali, na mesa com aquele filhotinho morto, que mais uma vez jurei não me calar e sempre lutar por eles.

Ninguém vai calar a minha voz

Se a população estava comovida com o resgate e para muitos eu era a heroína, para um pequeno grupo eu era a vilã.

Criadores, incomodados com toda a repercussão e certamente ameaçados pela exposição negativa a respeito da criação de cães, resolveram me atacar.

Mas fazia meses que eu estudava a fundo o assunto. Desde que um livro chamado *Cão senso*, de John Bradshaw, caiu em minhas mãos, eu descobria o lado mais escuro e podre da criação de cães.

Evidentemente que, como vegana, para mim era claro que vidas não podiam ser comercializadas. Para mim, a base de todos os problemas com a criação era essa ideia de que se pode comprar uma vida... Você compra um objeto, não uma vida! Se você compra um animal e ele tem um "defeito", você devolve? Mas, além desse conceito e do fato de existirem milhões de animais abandonados à espera de um lar, minha luta contra o comércio de raças tinha outros fundamentos.

A maioria das raças é selecionada por conceitos estéticos! Não pela saúde dos cães. "Cada criador se esforça não para reproduzir o animal de estimação perfeito, mas, antes, para reproduzir o cão de aparência perfeita, que fará sucesso na exposição. Esses cães vencedores são considerados reprodutores premiados e fazem uma contribuição genética muito desproporcionada para a próxima geração — o que resulta raças puras cuja aparência idealizada oculta sua saúde deteriorada", escreve o autor de *Cão senso*. O assunto é tão sério que a BBC de Londres, desde 2008, parou de transmitir o concurso do Kennel Club depois que a polêmica veio à tona. Infelizmente, a maioria das pessoas que compra pugs e outras raças "com o focinho curto" não tem ideia do sofrimento desses animais.

Muitos têm problemas respiratórios devido ao capricho humano. A parte estética é algo que importa para certas pessoas, a ponto de tentarem ao máximo que o nariz de certos cachorros seja quase inexistente. O nariz apertado, a traqueia curta e o palato longo, em conjunto, tornam difícil respirar normalmente. Isso impede que eles regulem a temperatura do corpo de forma correta, podendo resultar em hipertermia, desmaio, insolação, problemas digestivos e apneia do sono.

Na Europa, a Associação dos Veterinários do Reino Unido defende: não comprem raças de focinho achatado. "Futuros donos de cachorros deveriam considerar que perpetuam problemas de saúde ao comprar animais de raças braquicefálicas e, desse modo, deveriam escolher raças mais saudáveis ou animais miscigenados. Veterinários, por sua vez, devem aconselhar seus clientes sobre isso. Esses animais não deveriam ser vistos como fofos ou desejáveis, mas como predispostos a uma vida inteira de saúde problemática".[6] Ah, por "animais miscigenados", leiam os nossos famosos e incríveis sem raça definida (SRD). Ou, como dizem, os vira-latas!

No Brasil, houve quem quis me crucificar por tentar divulgar o assunto, porém eu não me calo. É um tema sério e urgente. Os cachorros são nossos melhores amigos, mas ficou claro que nós não somos os melhores amigos deles? Somos os responsáveis diretos pela vida de sofrimento que essas e outras raças levam. E tudo por causa de nosso egoísmo e vaidade que nos levam a escolher um canino por certas características. Ou de certa raça, quando isso nem deveria importar. Não é assim que um amigo entra em nossa vida. Pelo menos, não deveria ser.

Corrente do bem

Nós ainda tínhamos vários desafios pela frente. Muitos animais estavam doentes, e ainda precisávamos conseguir a posse deles na

[6] Disponível em: < https://www.bva.co.uk/news-campaigns-and-policy/policy/companion-animals/brachycephalic-dogs/ > Acesso em 16 de janeiro de 2018. (em inglês)

Justiça! E, apesar da comoção nacional, ainda corríamos o risco de ter que devolver os animais para o tal canil. Eu já estava decidida a não os devolver por nada neste mundo. Eu sabia que seria uma grande batalha. E, apesar das dificuldades, recebíamos apoio de todos os lados! Da noite para o dia, tudo havia mudado. Milagres vinham de todas as partes. Empresas fazendo doações, querendo fazer parcerias.

Há dois anos eu tentava lançar uma camiseta com alguma marca. E, de repente, em dois dias, ela virou realidade! Na madrugada do resgate, recebi um áudio do cantor e ator Lucas Lucco. Emocionado, ele me contava que já tinha feito uma doação para o Instituto e se prontificava a ajudar mais.

E foi assim que ele conseguiu uma parceria com a marca de camisetas Korova, com fotógrafo, maquiador… Em menos de uma semana as camisetas já estavam à venda! E o melhor: rapidamente se esgotaram!

Alguns dos maiores youtubers do país entraram em contato comigo e foram até o Instituto conhecer nosso trabalho!

Whindersson, um fenômeno

— Mááá — gritava meu enteado Dudu. Muito emocionado, ele entrou correndo em meu quarto. Esbaforido, tentava falar:

— Você viu? Não acredito, o Whinder. Mááá, é o meu sonho conhecê-lo!

— Dudu, não estou entendendo nada do que você está falando.

— Má, o Whindersson Nunes falou de você no Stories dele no Instagram…

Até esse dia eu não tinha muita noção do que era esse mundo dos youtubers. Sou de outra geração. Óbvio que já tinha ouvido falar dos mais populares, sabia que eram sucesso entre os adolescentes, mas foi apenas nesse momento que percebi a dimensão: a emoção do meu enteado seria a mesma que eu teria se tivesse encontrado a Xuxa na minha infância!

Logo pensei em levá-lo até o abrigo. Era uma grande oportunidade de conscientizar a nova geração.

— Como faço para falar com ele? — perguntei

— Manda mensagem para ele no privado. Como ele falou de você, deve ler! — disse meu enteado.

E assim foi.

Whindersson logo me respondeu e ainda me contou uma linda história: já tinha uma cachorrinha e queria adotar algum outro para fazer companhia a ela!

Marquei de buscá-los em sua casa. Ele e sua noiva, a cantora Luísa Sonza. Eu estava lá no horário marcado, mas ninguém atendia o interfone. Esperei, esperei. Toquei de novo e de novo. Liguei, mandei mensagem no Instagram.

Eu não podia mais aguardar. Tinha uma gravação no abrigo. Fiquei triste, admito. Assim que cheguei ao Instituto, ele me chamou.

— Tá aí? Dormimos tarde ontem. Perdemos a hora hoje. Que mancada!

Sei que foram até o abrigo de Uber...

Eu estava recebendo outro youtuber, o fofo Luís Mariz, quando Whindersson chegou.

Fui, então, recebê-los. Mas foi um susto. Eu tinha assistido a alguns vídeos do Whindersson e esperava aquele cara engraçado, bem extrovertido. Ele chegou tímido. Introspectivo. Era nítida a sua emoção. Logo notei algo diferente nele. É um cara especial. Achei-o bem diferente daquele personagem nos vídeos, que ele faz brilhantemente.

Whindersson, como pessoa, é ainda melhor. Era nítido que era sensível aos animais e foi extremamente simpático com todos os funcionários que pediram fotos.

Luísa era ainda mais linda do que nos vídeos a que eu tinha assistido. E o amor deles! Ahhh, eu sempre me comovo com o amor verdadeiro. Mas foi só no final da visita que percebi o quanto eram jovens.

— Eu assistia você no *Late show* quando era criança — contou ele.

— Ahh, que bacana! — respondi.

— É... quando vi seus vídeos no canil, pensei "Nossa, ela ainda está jovem". Achei que já era mais velha! — concluiu.

Todos riram.

Foi só aí que descobri que ele tinha 22 anos e ela, 19! Então, mudei o tom.

— Vocês têm ideia do poder que têm nas mãos? Eu sei que é muito bacana ter sucesso, fama, dinheiro... Mas vocês podem mudar o mundo! Nunca se esqueçam disso.

O influente casal adotou uma de nossas vira-latas legítimas. O post deles apresentando a nova integrante da família, a Regina Casé de Alcione Vekanandry Smith Bueno de Hahaha de Raio Laser, teve quase um milhão de curtidas. Quase todos os dias, milhões de pessoas acompanham a vida de uma vira-lata amada e feliz. Certamente, estão influenciando milhões de jovens a adotarem também. E só com isso já estão mudando o mundo. Obrigada, Whinder. Obrigada, Luísa!

Babados da vida real: Evelyn Regly, a amiga que eu sempre quis ter

Foi em uma sala de espera de médico que a "conheci". Ela estampava a capa de uma famosa revista junto com outras youtubers de sucesso. Li sua entrevista e adorei! Ela contava que um de seus sonhos era ajudar animais abandonados.

Comecei a segui-la nas redes e percebi que ela já me seguia também. Bem antes desse resgate já nos falávamos e tentávamos marcar um dia em sua concorrida agenda.

E nosso encontro parecia impossível. Mas ela fez acontecer: viajou do Rio de Janeiro até São Paulo só para conhecer nosso trabalho. Logo, parecia uma grande amiga. Voltamos juntas do Instituto, e no longo caminho nos tornamos confidentes. Ela me contou de todo o sofrimento que estava passando havia meses por causa de uma malsucedida cirurgia nos seios. Já fazia 8 meses e não cicatrizava.

Almoçou na minha casa. Eu a apresentei ao veganismo e ela me apresentou ao mundo do YouTube. Ela parou de comer carne e eu comprei a câmera que ela me indicou para meu futuro canal. Adotou nosso Pernalonga, um filhote que teve um problema na pata e que por isso era rejeitado.

Hoje, uma das minhas maiores alegrias é receber os vídeos do Pernalonga todo feliz com sua linda família! E saber que Evelyn continua vegetariana e que seus seios cicatrizaram! Segundo ela, vinte dias sem qualquer tipo de carne fizeram as cicatrizes fecharem.

5 minutos de compaixão: a linda Kéfera, uma das mais importantes youtubers do país, também fez um vídeo para seu canal em nosso abrigo. Emocionada, tocou milhares de pessoas com a causa animal, e depois disso muitos artistas importantes também começaram a divulgar e apoiar o Instituto Luisa Mell.

Larissa Manoela, além de nos visitar pessoalmente em um feriado, já que sua agenda é uma loucura, resolveu ir além: a atriz e cantora, uma das artistas mais influentes entre os jovens do nosso país, mostrou que sua solidariedade é tão grande quanto seu número de fãs.

A garota, com mais de 12 milhões de seguidores, cedeu sua marca pelo período de um ano para que nós vendêssemos chinelos com a renda toda revertida para o Instituto Luisa Mell.

Larissa, não tenho palavras para te agradecer. Saiba que pode contar comigo!

Laura Neiva impressionou a todos no Instituto com sua beleza, humildade e paixão por animais. Me confessou que estava no caminho do veganismo e que falava com namorado, o ator Chay Suede, sobre o vegetarianismo. Adotaram um cão idoso que só tinha sofrido nesta vida e que agora é muito feliz!

Enzo Celulari, o filho de Claudia Raia e Edson Celulari — o primeiro Enzo que conheci e em quem me inspirei para escolher o nome no meu filho —, além de ir ao abrigo, também criou uma campanha para arrecadar fundos para nossa ONG.

Finalmente, saímos do vermelho devido ao número de doações em nossas contas. Quero agradecer aqui, deixar registrado para sempre neste livro, o meu agradecimento a cada um que doou. Cada real fez a diferença.

Até um programa de televisão no qual eu tinha sido massacrada anos atrás por conta do veganismo me chamou novamente... E desta vez fui elogiada e respeitada! E o entrevistador confessou que tinha tentado ser vegano.

Parecia um milagre.

Eu era exatamente a mesma, fazendo o trabalho que sempre fiz... Mas o mundo passou a me enxergar diferente.

Entretanto, tenho uma ressalva a fazer. Em meio a tantos milagres, a tanta coisa boa, todo esse sucesso revelou também o enorme preconceito contra os nossos queridos vira-latas.

"Não tem de raça?"

Nosso primeiro evento de adoção, depois de toda a divulgação de nosso trabalho, foi no dia 4 de outubro. Dia de São Francisco de Assis, protetor dos animais. Duas horas antes do evento, já tinha fila na porta. Porém, ao saber que os cães de raça não estavam disponíveis para adoção, quase todos foram embora sem nem ao menos olhar para os nossos vira-latas.

Foi cruel e difícil lidar com essa realidade.

Eu lutava tanto para conseguir um lar para os meus resgatados. Me sinto vitoriosa quando consigo doar quarenta animais em um evento. E foi um susto receber cerca de oito mil e-mails de pessoas interessadas em adotar somente os de raça...

Mas nada iria me desanimar. Para mim, era claro que o mundo já tinha mudado muito em poucos anos. E, se depender de mim, vai se transformar muito mais.

O fim ainda não chegou

Era pra ser um final de tarde qualquer. Em casa, tomando um vinho com a família. Celebrando a vida. Eu e meu pai estávamos na varanda, assistindo a um dos espetáculos mais bonitos: o pôr do sol.

— Filha, eu queria pedir desculpas.

Antes que eu respondesse ou ao menos tentasse entender do que se tratava, ele prosseguiu:

— Me desculpa, do fundo do coração, por ter dado a você esse fardo. Eu preferia ter criado outro tipo de programa de televisão para você. Que só lhe desse só alegrias, uma carreira de apresentadora, dinheiro... Uma vida mais fácil. Mas não. Criei um programa que colocou você em um caminho com tanta luta, com tantas dificuldades...

Ele, então, me olhou no fundo dos olhos e me abraçou apertado. Um misto de carinho, amor, honestidade e empatia no seu olhar. Durante aquele abraço, pensei nos últimos quinze anos. Lembrei da gravação do piloto do *Late show*, quando entrevistei o ator Nuno Leal Maia em sua casa, na praia de Santos. Me lembrei das palavras de Nuno: "Imagine se um dia, na Terra, não tivesse nenhum assassinato. Se o pescador não saísse para pescar, se o açougueiro não matasse nenhum animal. O que aconteceria? Que mudanças ocorreriam na humanidade?". Não entendi bem o que ele dizia na época. Acho até que encarei como um devaneio qualquer. Não, eu não tinha capacidade para compreender a profundidade daquilo. Então, ignorei. É mais fácil ignorar. Mas a vida não desistiu de me ensinar.

E ali, nos braços do meu pai, me dei conta de que tudo o que tinha vivido nos últimos anos foi fundamental para que eu conseguisse compreender as palavras de Nuno.

Me lembrei daquele dia em Santos, da brisa do mar. Senti até um pouco de saudade da minha inocência. Afinal de contas, naquela época eu nem imaginava o quanto meu amado e misterioso mar estava ameaçado.

Sim, pai, graças ao *Late show*, hoje eu sei que cientistas alertam que em 2050 não existirão mais peixes nos mares, com tanto dióxido de carbono, metano e o óxido nitroso da indústria do gado matando nossos oceanos; com a pesca excessiva, a poluição, com a mudança climática. Uma ação em conjunto para uma verdadeira catástrofe anunciada.

Sim, pai, se durante o *Late show* eu me assustei e sofri ao descobrir toda a dor que causamos aos animais nos circos, zoológicos, na indústria alimentícia, de cosméticos, de medicamentos, hoje me desespero ao constatar que nosso tempo para despertar está se esgotando.

Sim, pai, hoje eu sei que as catástrofes ambientais não são mais só previsões. Já são realidade.

Os incêndios são cada vez mais devastadores, os furacões vêm com maior potencial de destruição, as secas estão cada vez mais severas. Me tira o sono saber que em pouco tempo a água vai valer mais do que o petróleo.

Pai, durante os últimos quinze anos, e graças ao seu programa, compreendi que o sofrimento de um cão é igual ao sofrimento de um boi, que é igual ao sofrimento de um urso, que não é diferente do sofrimento de cada um de nós. E, não, pai. O mundo ainda parece não ter entendido nada. Parte da humanidade ainda não percebeu a urgência.

Sabe, pai, nos últimos anos entendi que salvar os animais é também salvar nosso planeta e toda a humanidade. Graças a você.

Escrevo este livro como um grito de socorro.

Um grito dos animais que sofrem, que são massacrados diariamente pela humanidade.

Um grito do planeta que adoece e está à beira de um colapso por conta da ganância humana.

Um grito de alerta e uma convocação para um exército da salvação, um exército da paz.

Para ganharmos esta guerra, não precisamos de armas. É uma guerra de todas as nações, de todos os povos contra a destruição do planeta. E é uma batalha diária de cada um de nós. Dinheiro nenhum, de indústria nenhuma, poderá deter a natureza.

Pai, obrigada por ter criado o *Late show* e, com isso, ter pavimentado meu caminho. Não, eu não sei mais ser diferente. Na verdade, eu não quero ser diferente. Você despertou o que eu tenho de mais verdadeiro. De mais bonito. Amo quem eu me tornei e não gostaria de ter um caminho "mais fácil".

Com você, pai, aprendi muito. E vejo com esperança a união das redes sociais quando salvamos um animal; me encho de alegria quando vejo empresas gigantes investindo em produtos veganos e sem testes em bichos; me alegro quando pessoas influentes abraçam essa causa.

E me emociono com você também. Sim, você que está lendo este livro e pensando em se juntar a mim nesse ideal. Cada vez que você for optar por não comer um animal, por não comprar um produto testado neles, você está, sim, mudando o curso do mundo. Às vezes, pensamos: mas será que, se eu fizer algo nesse sentido, vai mesmo fazer diferença? Lembra daquela história — tão difundida em palestras de autoajuda — do efeito borboleta? Pois então. Se o bater de asas de uma borboleta aqui pode causar um tufão no Japão, imagina o que você pode fazer pelo futuro do planeta e pelo bem dos animais.

Eu não sei como esta história termina. Afinal de contas, não sou eu quem vai escrever o final dela: somos todos nós.

Obrigada a você, que está lendo este livro.

Obrigada, pai, por me colocar neste caminho.

Obrigada aos bichos, por transformarem minha vida. Espero conseguir retribuir, pelo menos um pouco, tudo o que vocês fizeram por mim.

Agradecimentos

Escrever este livro foi um dos maiores desafios que já enfrentei na vida. Foi uma viagem ao meu passado, um mergulho em minha história. Em cada parágrafo, em cada linha, revivi minhas dores e meus amores. Várias vezes tive que parar de escrever, pois as lágrimas me impediam de prosseguir. Foi desafiador, mas, sem dúvida alguma, foi libertador. Olhar minha vida sob outra perspectiva me fez ter mais clareza sobre minhas escolhas e até sobre a minha missão. Foi com lágrimas nos olhos e com o coração sufocado que percebi que não poderia ter sido diferente. Foi escrevendo este livro que finalmente aceitei minhas batalhas, minhas desilusões e até minhas desgraças. Foi só aqui que me perdoei...

Confesso que abri meu coração sonhando em conseguir encostar no seu, leitor(a) deste livro. Quem sabe não começa aqui uma revolução do amor, da compaixão e da ética?

Meus mais sinceros agradecimentos ao meu editor, meu grande amigo, Guilherme Samora, por ter me convidado e me incentivado a escrever esta obra.

Ao Mauro Palermo e à Globo livros, pela total liberdade artística que tive. Obrigada pela confiança.

Ao meu marido, Gilberto Zaborowsky, e a minha mãe, Sandra Zatz de Camargo, por me apoiarem e me aguentarem com os nervos à flor da pele enquanto revivia minha história.

À nutricionista Ale Luglio, que tornou possível meu sonho de ter um guia vegano básico em meu livro. E à Sociedade Vegetariana Brasileira, por todo o apoio e divulgação da nossa causa.

Aos meus parceiros no Instituto Luisa Mell, Marcelo Glauco, Priscila Rocha, Sandra Pires, Marina Passadore e a todos os funcionários que nos ajudam a salvar tantas vidas.

A todos que colaboram com o Instituto Luisa Mell e que tornam realidade nosso sonho de salvar os animais.

À minha rainha Rita Lee, pois foi sua autobiografia que me inspirou a ser tão sincera, honesta e transparente neste livro.

A todos que trabalharam no *Late show*.

A todos os protetores, ONGs e pessoas que dedicam suas vidas aos animais.

Agradeço a minha irmã, Marcela Zatz de Camargo, a minha querida tia Marlene Zatz e, claro, a meu pai, José Alfredo Papa de Camargo, por estarem sempre ao meu lado, nas derrotas e nas vitórias.

Aos meus amigos de todas as horas: Alexandre Fukuya, Ana Carolina Makino Antunes, Alexandre Rossi, Flavia Abramovay Maraninchi, Luciana Mansur, Alvaro Petrillo e Josie Rebizzie.

Aos meus parceiros Luiz Scalea, Rafael Leal, Curti, Júlio César Lapenna, Adriana Peroni da Silva, Marco Vanetti e Oscar, por todas as vidas que salvamos juntos.

À Dra. Paula Gandin e ao Dr. Eric Slywitch, por toda a ajuda na minha transição ao veganismo.

À minha enteada Daphne Zaborowsky Franco e sua mãe, Deborah Christina Hoover, por terem traduzido textos relevantes que fazem parte do guia vegano.

Aos funcionários da minha casa, que me traziam lanches, suco e café quando eu me enfurnava no quarto para escrever este livro.

E, claro, especialmente a você, que leu este livro!

Obrigada!

Guia vegano

Dicas para uma alimentação vegana e saudável

Para que os benefícios da nutrição sejam aproveitados ao máximo, ela deve ser, preferencialmente, personalizada de acordo com as necessidades de cada pessoa. Por isso, a orientação de um médico (nutrólogo) ou de um nutricionista é fundamental para que se tenha a garantia de que as mudanças alimentares vão ocorrer de modo equilibrado e adequado.

As dicas que eu apresento neste guia vieram de médicos, nutricionistas, livros e blogs especializados. Todas elas, em maior ou menor medida, me ajudaram a ter clareza e segurança para ir em frente com o veganismo.

Conhecendo novos sabores, novos alimentos

Muitas pessoas entram em desespero por não saberem por onde começar, então aqui vai a primeira dica: eu acho que a maneira mais tranquila é pensar em adicionar, não em subtrair. Não fique pensando na comida que você não vai mais comer, dedique esse tempo a provar e descobrir novos sabores. A alimentação vegana exige uma desconstrução de hábitos e uma estimulante abertura para um novo modo de encarar sua alimentação.

No início pode ser complicado: qualquer mudança de hábito é penosa para o ser humano. Mas lembre-se sempre dos motivos que fizeram você mudar: sempre que pensar no quanto é difícil abdicar de certos alimentos, pense também em quão difícil é *para os animais* viver uma vida miserável de dor e sofrimento apenas para satisfazer nossa gula.

Algumas vezes, em especial no início do processo, você pode vacilar, se render. Não importa. Recomece quantas vezes for necessário. Quando me tornei totalmente vegetariana, houve um dia em que fiquei com tanta vontade de comer peixe, mas tanta, que resisti enquanto pude. E teve um dia em que comi. Na hora foi bom, no entanto logo depois senti nojo, tristeza. Sabe um viciado em alguma droga, jogo ou qualquer outro vício que não resiste e cai em tentação? Era isso. Depois eu fiquei imaginando aquele peixe nadando na minha barriga e me senti culpada. Hoje, não posso nem sentir o cheiro de peixe que fico enojada. Depois que você fica algum tempo sem ingerir certos tipos de alimentos, seu corpo começa a rejeitá-los.

Mas é claro que, se você comer só junk food, mesmo sendo vegano, não vai ser saudável. Uma alimentação vegana tem que ser bem variada e colorida como qualquer modelo alimentar. Encare os grãos, sementes e castanhas como seus grandes aliados, assim como as frutas, verduras e legumes. Meu paladar mudou tanto com o passar do tempo que alimentos que antes eu rejeitava hoje em dia eu amo!

Quando era mais nova, eu vivia fazendo dietas malucas para emagrecer e, no fim das contas, só engordava. Era paranoica e sofria porque eu queria ser magra, mas fazia tudo errado. Quantas vezes me indicaram aquele queijo processado quadradinho e bolacha de água e sal como lanche? E eu, por achar que eram engordativas, deixava de ingerir castanhas. Quanta bobagem. Sofri muito por falta de informações corretas.

Veja quais são os ingredientes do queijo: *massa láctica (leite pasteurizado, fermento lácteo, conservador nitrato de sódio, coalho* e cloreto de cálcio), *creme de leite pasteurizado, leite reconstituído, água, leite concentrado resfriado integral, sal refinado, vitaminas A, D, E e cálcio, estabilizante polifosfato de sódio e citrato de sódio, corante dióxido de titânio e conservante ácido sórbico.*

Aditivos alimentares, nomeadamente cloreto de sódio, ácido sórbico, os nitritos são considerados fatores de risco para o aparecimento de diversas doenças e mesmo de câncer quando consumidos com frequência.[1] Além disso, dependendo do sabor que conferem ao alimento, o teor de gordura chega a variar de 3,6 a 7,8g de gordura por porção!

A bolacha de água e sal também não é saudável. Além de ser uma bomba de sódio — que em excesso faz muito mal para a saúde —, não dá saciedade e não oferece nenhum nutriente importante para nossa saúde.

As castanhas, por outro lado... Uma porção diária de nozes, amêndoas ou afins garante um coração mais protegido, combate o envelhecimento precoce e ajuda a domar a fome por serem fontes de vitaminas, minerais, antioxidantes e gorduras essenciais para o organismo. As castanhas hoje fazem parte do meu dia a dia. Eu sei o quanto ajudam na manutenção da minha saúde e boa forma.

Uma ressalva importante neste momento de transição: entenda que você precisa *nutrir* o seu corpo, não apenas comer! Sim, isso faz toda a diferença. Na dúvida entre o que escolher, tente provar de tudo um pouco até habituar o seu paladar com os novos sabores e em breve você vai começar a eleger suas preferências. Foi com o passar do tempo que passei a gostar de diversos alimentos.

---

[1] Agency for Toxic Substances and Disease Registry. ToxFAQsTM for Nitrate and Nitrite. Disponível em: <https://www.atsdr.cdc.gov/toxfaqs/tf.asp?id=1186&tid=258>. Acesso em: 16 de janeiro de 2018.

A nutrição vegana e suas combinações

Vamos começar pelas tão famosas proteínas. Basta alguém falar em veganismo para todos se preocuparem com elas. As proteínas são formadas por aminoácidos. Absolutamente todos os chamados aminoácidos essenciais estão presentes nos alimentos vegetais, portanto uma alimentação 100% à base de vegetais é capaz de fornecer esses aminoácidos. Porém, eles estão presentes em concentrações (em miligramas de aminoácidos por grama de proteína) diferentes em cada alimento de origem vegetal, por isso é importante combinar alimentos dos mais diversos grupos para compor um equilíbrio adequado, o que não é nada difícil e pode virar parte do nosso dia a dia: podemos associar uma leguminosa (feijão, grão-de-bico, lentilha e ervilha) a um cereal (arroz, milho, aveia, trigo) e obter uma combinação completa de aminoácidos, também conhecida como proteína completa!

Sim, nosso arroz e feijão, dupla típica da culinária brasileira, é uma combinação perfeita que fornece todos os aminoácidos essenciais, assim como o feijão com milho dos mexicanos, a lentilha com arroz dos indianos e o grão-de-bico com trigo dos árabes!

Outras combinações boas são as leguminosas com sementes (girassol, abóbora, gergelim) e as leguminosas com oleaginosas (castanhas, nozes). Desde que virei vegana, o homus (pasta de grão-de-bico com gergelim) se tornou uma das minhas comidas preferidas. Além de delicioso, é uma ótima fonte de proteína vegetal e pode ser encontrada em quase todos os lugares. Assim como o falafel e o babaganush, outros pratos árabes que são veganos!

A soja também é boa fonte de proteína vegetal porque possui aminoácidos em boas concentrações. Cuidado, porém, para não cair na armadilha de se entupir de soja por ser a opção mais difundida. Não é necessário consumir em excesso um alimento somente porque ele é rico em proteína.

Salsichas e hambúrgueres veganos industrializados são práticos para quem tem uma rotina corrida, mas a versão com tofu orgânico, caseira, é sempre preferível e mais saudável. Existem muitas maneiras deliciosas de preparar o tofu.

Mas e o ferro? Todo vegano fica anêmico?

Estudos demonstram que a prevalência da anemia em populações vegetarianas é idêntica à encontrada em populações não vegetarianas. Na verdade, a anemia é a deficiência nutricional mais comum em todo o mundo.

É sempre muito importante lembrar que os minerais, entre eles o ferro, não são nutrientes sintetizados pelos animais. Afinal, como o próprio nome indica, os minerais vêm de minérios, ou seja, do solo. Os animais consomem ferro através dos alimentos vegetais e não o sintetizam.

O fator mais determinante da anemia por deficiência de ferro é a perda de sangue. Quando a menstruação é prolongada e intensa nas mulheres, há mais perda de sangue e, consequentemente, de ferro. Mulheres em idade fértil (da adolescência à menopausa) carecem duas vezes mais de ferro que os homens. Se forem vegetarianas, precisam equilibrar a dieta de acordo com as exigências do seu organismo. Assim, é importante saber que a o volume da perda mensal é mais importante que a dieta, pois a chance de apresentar anemia por falta de ferro pode ser maior ou menor, e não depende do tipo de alimentação que elas seguem.

A gestação é um momento que exige atenção. O organismo da gestante demanda um grande consumo de ferro, inclusive para a formação do bebê. Grávidas que não suplementam o ferro têm grande risco de apresentar deficiência desse mineral, sejam elas veganas, vegetarianas ou onívoras. Verminoses podem levar à anemia também.

É fato que parte do ferro encontrado nos produtos de origem animal é mais bem absorvida que aquele encontrado nos produtos de origem vegetal, e de fato algumas fontes animais de ferro têm maior concentração desse mineral quando comparadas às fontes vegetais. Mas isso não quer dizer que as fontes vegetais não sejam suficientes! Pelo contrário, muitos vegetais possuem boas concentrações de ferro, entre eles as leguminosas, como feijão, lentilha, grão-de-bico e soja, as sementes, como as de abóbora, a chia e o girassol, além dos vegetais folhosos verde-escuros e das ervas aromáticas, que devem fazer parte da dieta de todas as pessoas, veganas ou não, para garantir com tranquilidade o aporte de ferro necessário.

A absorção do ferro vegetal é influenciada por alguns fatores alimentares, o que significa que nós podemos potencializar ou atrapalhar a sua absorção.

O que atrapalha a absorção do ferro:
- A presença de fitatos nos alimentos. As leguminosas, ótimas fontes de ferro, são também ricas em fitatos, substâncias que atrapalham na absorção desse mineral. Para neutralizar a ação dos fitatos, reduzindo muito consideravelmente a sua influência negativa, deixe as leguminosas de molho pelo menos 12 horas, troque a água no mínimo 3 vezes ao longo de período e utilize 1 colher de sopa de vinagre ou suco de limão para cada litro de água utilizada. Você pode prolongar o remolho por até 24 horas, aumentando ainda mais a neutralização dos fitatos.
- Alimentos ricos em cálcio são muito importantes em qualquer dieta balanceada (mais à frente vou falar sobre fontes vegetais de cálcio). Porém, a presença de cálcio em doses altas em uma refeição atrapalha a absorção do ferro.

• Cafeína: sabe aquele cafezinho depois do almoço? Então... Ele pode comprometer toda a ingestão de ferro da sua refeição! Refrigerantes à base de cola também.
• Chás ricos em taninos e catequinas: fique atento ao consumo de chás, principalmente o chá-preto, o mate e o chá-verde. Olha o que disse a coordenadora do curso de Nutrição da Universidade Tuiuti, do Paraná, Priscila Dabaghi (em entrevista ao jornal Gazeta do Povo em 11-10-2011): "Essas bebidas estão proibidas na hora do almoço e do jantar. A pessoa come um prato de arroz e feijão e absorve quase nada de ferro por causa do cafezinho logo depois do almoço ou do hábito de jantar ingerindo refrigerante". Chás de ervas como camomila, hortelã, erva-doce e capim-santo, por outro lado, não influenciam a absorção de cálcio e estão liberados no pós-refeição.

O que auxilia e potencializa a absorção do ferro:
• Alimentos ácidos, ricos em vitamina C, ajudam na absorção do ferro presente nos vegetais. Consuma na refeição um suco de laranja, de caju ou uma limonada. Outra opção é consumir uma fruta cítrica (laranja, mexerica, kiwi, morango) como sobremesa. Muitos alimentos fontes de ferro são também fontes de vitamina C; é o caso dos vegetais verde-escuros, por exemplo. Consumi-los nas refeições principais, temperados com suco de limão, é uma ótima estratégia para otimizar o aporte e a absorção do ferro.
• Alimentos ricos em ácidos orgânicos, como o ácido cítrico, o ácido málico e o ácido tartárico: vinagre de maçã, vinagre de vinho e alimentos azedos e ácidos como algumas frutas e legumes. Todos eles podem ser usados para temperar saladas, e também dão uma boa força na absorção do ferro.
• As leguminosas são ricas em aminoácidos sulfurosos, que também auxiliam na absorção do ferro. Como a natureza é

perfeita, elas também são ricas em ferro. Mais um motivo para que as leguminosas estejam no dia a dia do vegano!

• Alimentos ricos em ferro: leguminosas, tofu, spirulina (microalga verde que pode ser utilizada como suplemento diário), abóbora, folhas verde-escuras (especialmente a couve), sementes de abóbora e gergelim, castanha de caju e ervas frescas ou secas como o coentro, o manjericão e a salsa, frutas secas como damasco, ameixa e uva-passa e melaço de cana-de-açúcar.

Vitamina B12

Este assunto é importante. A vitamina B12 é o único nutriente que normalmente precisa ser suplementado em uma dieta vegana bem planejada.

Essa vitamina é produzida por bactérias. Antigamente, a maioria dos povos adquiria sua vitamina B12 das bactérias na água, frutas e vegetais. Hoje em dia, tanto a água como os demais alimentos são purificados e higienizados, e com isso o nosso consumo dessas bactérias foi drasticamente reduzido. Por um lado, isso é ótimo, já que deixamos de consumir também as bactérias que podem causar doenças; mas a vitamina B12 já não chega até nós de forma tão simples. Os animais não humanos continuam a consumir água e alimentos não esterilizados, ciscam o chão, lambem o próprio corpo etc., e isso lhes garante a ingestão das bactérias produtoras dessa vitamina.

Atualmente, a principal fonte de vitamina B12 para os humanos são os alimentos de origem animal, que a acumulam devido à vida não estéril e natural que mantêm. Os veganos, por sua vez, devem acompanhar suas dosagens de vitamina B12 por meio de exames bioquímicos prescritos pelo médico ou nutricionista. Se você detectar a diminuição de seus níveis, precisa suplementá-la.

Essa vitamina é essencial para o funcionamento de todo o nosso corpo, e a suplementação pode ser feita com comprimidos, via oral (geralmente em gotas) ou até mesmo na forma injetável.

Ômega 3

A maioria das pessoas correlaciona o ômega 3 ao óleo de peixe. Mas essa não é a única fonte desse nutriente! Os alimentos vegetais são fontes de ácidos graxos que nosso organismo transforma em ômega 3, substâncias conhecidas como DHA e EPA. Atingir as dosagens diárias necessárias não é difícil, basta incluir na sua dieta cotidiana pelo menos um dos itens abaixo:

- 2 colheres de sopa (30 ml) de sementes de linhaça ou chia
- 1/3 de xícara (85 g) de nozes
- 1½ colher (7 ml) de óleo de linhaça
- ½ colher (37 ml) de óleo de canola

Existem suplementos veganos que podem ajudar aquelas pessoas que têm dificuldade para consumir diariamente os alimentos que eu mencionei agora. Um suplemento que combine DHA com EPA pode ser utilizado como fonte de ômega 3. Fique atento, porém: muitos especialistas alertam sobre a importância de balancear o consumo de ômega 6 e ômega 3. Excesso de ômega 6 pode reduzir a conversão de ômega 3, aumentando os riscos à saúde. Para os veganos, a proporção ideal de ômega 6 para ômega 3 varia entre 2 para 1 e 4 para 1. Para a maioria das pessoas, isso significa um consumo de 9 a 13 gramas de ômega 6 por dia. Evite óleos ricos em ômega 6 (soja, milho, girassol, margarina), pois eles diminuem a assimilação de ômega 3. Um consumo elevado de ômega 6 dificulta essa conversão. Além de evitar esses óleos, retire do seu cardápio frituras e alimentos industrializados. Use azeite de oliva e óleo de linhaça para temperar suas saladas.

O cálcio e a vitamina D

Hoje em dia, grande parte da população tem algum nível de deficiência de vitamina D, pois quase não tomamos sol sem protetor solar. Essa vitamina é muito importante para nossa saúde, especialmente por auxiliar na absorção de cálcio.

Você pode adquirir vitamina D seguindo uma destas dicas:
• Exponha o rosto e os antebraços ao sol morno por 15 minutos todos os dias entre as 10 da manhã e as 2 da tarde, se tiver pele clara; por 20 minutos, se tiver pele escura; e por 30 minutos se for idoso.
• Caso não consiga a exposição necessária ao sol — durante o inverno, por exemplo —, tome um suplemento ou consuma alimentos fortificadas. O consumo diário recomendado de vitamina D para um adulto é de 15 mcg (600 IU) até 70 anos de idade, e de 20 mcg (800 IU) depois dos 70. Até 100 mcg (4.000 IU) é considerada uma quantidade segura.

Os veganos precisam ficar atentos às fontes dos suplementos de vitamina D. A maioria dos suplementos disponíveis no mercado oferece a forma D3, que infelizmente tem origem animal: é extraída da lanolina proveniente da lã de carneiro. Uma opção não animal são os suplementos à base de vitamina D2, ou ainda suplementos importados, que são declaradamente veganos.

Cálcio

O cálcio é muito importante para a saúde dos ossos, mas engana-se quem imagina que ele tem apenas essa função; esse nutriente é fundamental para a coagulação sanguínea e para a contração muscular. Muita gente acha que só o leite de vaca contém cálcio; isso também não é verdade. Alimentos como couve, agrião, escarola, mostarda, rúcula, brócolis e tofu também são fontes desse mineral, assim como as leguminosas e sementes como gergelim, girassol, chia. Temos também os leites vegetais à base de oleaginosas como amêndoas e castanhas, gergelim e amendoim.

Da mesma maneira que o ferro, o cálcio também é um mineral, portanto não é sintetizado por animais. Ele é encontrado no solo e se acumula em alimentos de origem vegetal. Também de maneira semelhante ao ferro, existem nutrientes que "brigam" com o cálcio no momento da absorção, atrapalhando o processo, mas nós podemos reduzir essa interferência com algumas escolhas:

- Evite o consumo de espinafre, beterraba (especialmente as folhas) e acelga cruas, para não se expor aos altos níveis de oxalato presente nesses alimentos. Dê preferência a consumi-los cozidos, branqueados (cozidos por 2 minutos em água fervente) ou ensopados, pois a alta temperatura minimiza os efeitos do oxalato.
- Evite o consumo de cacau nas refeições mais ricas em cálcio, pois ele também contém alta concentração de oxalato.

Dicas práticas

As recomendações abaixo eu aprendi em um livro muito bom que comprei nos Estados Unidos, o *Becoming Vegan* (de Brenda Davis e Vesanto Melina, Editora Book Pub Co.). Ele faz uma abordagem simples dessa dieta e pode ajudar você a garantir uma alimentação rica e satisfatória.

- **Consuma uma ampla variedade de comidas de cada grupo.** A variedade ajuda a garantir a ingestão de quantidades suficientes e uma gama de nutrientes, fitoquímicos e fibras. Além disso, uma alimentação variada é muito mais interessante.
- **Preencha pelo menos metade do prato com vegetais e frutas.**
- **Modere o consumo de concentrados de gordura, óleo e itens com adição de açúcar.** Esses alimentos geralmente são ricos em calorias, mas pobres em nutrientes. A ingestão excessiva de gordura e açúcar ocupa, no seu dia a dia, o lugar de alimentos que oferecem nutrientes valiosos, provocando desnutrição. Como fontes de gordura, escolha alimentos completos, como sementes, nozes, abacate e azeitona; como fontes de açúcar, prefira frutas em vez de óleos e açúcares extraídos.
- **Fique de olho no consumo de sódio.** Preparar alimentos processados prontos para consumir pode ser prático, mas ingerir excessivamente enlatados, congelados e outras comidas processadas pode resultar em um consumo excessivo de sódio.
- **Faça 1 hora de exercícios por dia.** Atividade física é fundamental para ter energia balanceada e saúde em ordem. Os exercícios também contribuem para o fortalecimento de massa muscular, densidade óssea e saúde mental.
- **Beba água suficiente para se manter hidratado.** Fluidos como água, chás de ervas e sucos de vegetais vão ajudar você a manter a saúde em dia e a prevenir pedras nos rins e infecções urinárias. Mas nada de exagero: deixe a sede ser sua guia.

A gravidez vegana

A Academia de Nutrição e Dietética dos Estados Unidos expressou seu apoio a dietas veganas mesmo durante a gestação, amamentação, infância e adolescência.

> *"Estudos mostram diferenças pequenas ou insignificantes entre bebês que nascem de mães vegetarianas e os nascidos de não vegetarianas. De fato, onde existem diferenças, a mãe vegetariana leva alguma vantagem. Ela tem menor probabilidade de gerar bebês com problemas de saúde relacionados à obesidade, e possui menos chance de desenvolver diabetes gestacional, especialmente se se mantiver fisicamente ativa durante a gestação. Conservar teores suficientes de ferro é uma preocupação durante qualquer gravidez, e não somente em gestações de mães vegetarianas; a manutenção desses índices está relacionada aos nascimentos de bebês saudáveis quanto ao peso e ao desenvolvimento geral. As mães vegetarianas também têm mais probabilidade de tomar suplemento de ferro. O mais amplo estudo até agora sobre a saúde de grávidas veganas foi completado em 1987. A pesquisa examinou dados de maternidade de 775 gestantes pertencentes à comunidade The Farm, em Summerstown, no Tennessee. A dieta dessas mulheres era centrada em alimentos derivados de soja, grãos, frutas e vegetais, a maioria deles orgânica e produzida lá mesmo. Durante a gestação, elas ingeriram suplementos de cálcio e ferro, receberam cuidados pré-natal e eram ativas fisicamente. Não fumavam ou bebiam álcool, e raramente tomavam café. Duas importantes descobertas surgiram dessa pesquisa. Em primeiro lugar, todos os bebês nasceram com peso considerado normal. Depois, somente uma, ou 0,13%, desenvolveu pré-eclâmpsia, um transtorno muito perigoso que inclui pressão alta, retenção de fluidos e perda de*

proteína na urina e que pode resultar em dano e até na morte da mãe e do bebê. Na população geral, a pré-eclâmpsia afeta de 5 a 10% das grávidas."[1]

Eu comprovei que a dieta vegana pode ser absolutamente saudável para a gestante e para o bebê. Mas é fundamental que a futura mamãe tenha consciência do quanto sua alimentação é importante para a formação da criança. O acompanhamento pré-natal é obrigatório em qualquer dieta ou estilo de vida.

Antes da gravidez

Assim que falei para meu ginecologista que estava pensando em engravidar, ele me deu uma suplementação de ácido fólico. Vale ressaltar que nessa época ele ainda não sabia que eu era vegana, o que significa que o ácido fólico é recomendado para todas as pacientes, independentemente da dieta.

A deficiência de folato na mãe no início da gravidez pode resultar em espinha bífida e outras malformações do tubo neural no bebê. Ingerir folato suficientemente não é difícil, pois o feijão, as verduras verdes, e a laranja são excelentes fontes dessa vitamina. É extremamente importante que você inicie a gravidez com reservas abundantes de folato, porque ele vai ser muito utilizado durante os 9 meses de gestação.

Converse com seu médico sobre a suplementação. Nunca se automedique.

---

[1] Tradução livre de *Becoming Vegan*, de Brenda Davis e Vesanto Melina, Editora Book Pub Co.

É aconselhável fazer um exame pré-natal de vitaminas e suplementos naturais específico para grávidas. Peça ao seu médico esclarecimentos sobre isso e escolham um suplemento que inclua vitamina B12, vitamina D, colina, iodo, ferro e zinco.

Tabela 1 Consumo recomendado para mulheres grávidas ou amamentando, dos 19 aos 50 anos de idade. (Adaptada de *Becoming Vegan*, de Brenda Davis e Vesanto Melina, Editora Book Pub Co.)

Nutriente	Consumo recomendado durante a gravidez	Consumo recomendado durante a amamentação
Cálcio	1.000 mg	1.000 mg
Iodo	220 mcg	290 mcg
Ferro	49 mg (27 mg)	16 mg (9mg)
Magnésio	350 ou 360 mg	210 ou 320 mg
Zinco	11 mg	12 mg
Vitamina A (carotenoide)	(2.450 IU) 770 mcg ERA	(4.290 IU) 1.300 mcg ERA
Vitamina C	85 mg	120 mg
Vitamina D	(600 IU) 15 mcg	(600 IU) 15 mcg
Vitamina E	(22,5 IU) 15 mcg	(28,5 IU) 19 mcg
Vitamina K	90 mcg	90 mcg
Vitamina B12	2,6 mcg	2,8 mcg
Tiamina	1,4 mg	1,4 mg
Riboflavina	1,4 mg	1,6 mg
Niacina	18 mg	17 mg
Ácido pantatênico	6 mg	7 mg
Vitamina B6	1,9 mg	2,0 mg
Folato	600 mcg	500 mcg

Amamentação

Pode até parecer engraçado, mas muitas pessoas me perguntam se amamentar é vegano! Óbvio que sim. Nosso leite é feito para nosso bebê. Assim como o da vaca é feito para o bezerro.

O período de amamentação é, sem dúvida, um momento muito especial e importante na vida do bebê e da mãe. Através do leite materno, o bebê recebe todos os nutrientes necessários para seu desenvolvimento e crescimento, que é muito veloz nessa fase, além de anticorpos e outros elementos relacionados à imunidade e à formação da microbiota, ou seja, a flora intestinal, responsáveis pela formação do sistema imunológico do bebê. O momento da amamentação, além disso, é crucial para estreitar a relação afetuosa entre mãe e bebê, gerando prazer e tranquilidade para ambos.

O leite materno é o alimento ideal para os bebês, e deve ser oferecido de forma exclusiva até o seu sexto mês de vida. Após essa idade, a mãe passa, de forma gradual, a oferecer novos alimentos, mantendo a amamentação como dieta complementar à dieta do bebê até, se possível, os 2 anos de vida.

A alimentação da mamãe enquanto amamenta deve ser balanceada, equilibrada e muito nutritiva, e a dieta vegana equilibrada e variada garante todos os nutrientes necessários nesse período. Fique atenta aos teores de vitamina B12, que, na maioria dos casos, deve ser suplementada. Seu médico ou nutricionista serão responsáveis por isso.

Fala-se muito sobre a alimentação das mães ao longo de todo o período de gestação. Existe a lenda do "desejo" e aquele mito bem famoso de que a mãe deve comer "por dois". É por causa desse tipo de folclore que muitas gestantes consomem uma quantidade excessiva de calorias e ganham peso exagerado, o que leva a complicações para elas e os bebês. Mas é verdade que durante o período de amamentação exclusiva, a demanda energética e de nutrientes aumenta, e a mamãe deve garantir os nutrientes necessários para que a amamentação siga com segurança e mãe e filho permaneçam saudáveis.

Nos primeiros 6 meses de amamentação exclusiva, as necessidades energéticas diárias da mãe são aumentadas em torno de 500 calorias, quantidade que pode variar de mãe para mãe de acordo com o volume que o bebê mama por dia. No caso de gêmeos, por exemplo, o gasto energético é proporcionalmente maior. Fazendo uma comparação, no último trimestre de gestação a necessidade da mãe gira em torno de 350 calorias a mais por dia. Para suprir essa demanda energética aumentada, a mãe deve ingerir mais alimentos, divididos em várias refeições ao dia. O cardápio diário deve conter leguminosas em abundância, cereais integrais, frutas, verduras (em especial as verde-escuras), legumes, sementes e castanhas. As necessidades de carboidratos, proteínas, gorduras, vitaminas e minerais são aumentadas proporcionalmente, mas podem facilmente ser supridas com refeições balanceadas e adequadas caloricamente.

Alguns nutrientes merecem maior atenção nesse período, sobretudo nos seis primeiros meses de amamentação:

FERRO (veja na p. 188 como incluir na alimentação)
CÁLCIO (veja na p. 192 como incluir na alimentação)
ÔMEGA 3 (veja na p. 190 como incluir na alimentação)

VITAMINA B12

A vitamina B12 é extremamente necessária para o desenvolvimento do cérebro, nervos e células do sangue dos bebês. Mães que estão amamentando precisam manter índices suficientes dessa vitamina no organismo. Veja na p. 189 como incluir na alimentação.

ACIDO PANTOTÊNICO

O ácido pantotênico é necessário para a criação de elementos essenciais das células e dos neurotransmissores e para a produção de energia. Você necessita de maiores quantidades dele enquanto amamenta, e uma boa dieta vegana pode fornecer o suficiente para você. Grãos integrais são uma ótima fonte dessa vitamina, assim como brócolis, legumes em geral, cogumelos, levedura nutricional (também conhecida como *nutritional yeast*), nozes e sementes como a de girassol.

VITAMINA A

A vitamina A favorece a boa performance das células, e seus efeitos são os mais diversos. Ela é necessária para o crescimento dos ossos e dentes, para a reprodução e a formação e regulação dos hormônios. As veganas absorvem vitamina A consumindo os carotenoides, que conferem a cor amarelo-alaranjada aos alimentos, mas muitos vegetais verde-escuros também são ótimas fontes de vitamina A. Inclua no seu cardápio: cenoura, couve, alface, tomate, damasco, brócolis, melão, espinafre, manga, nectarina, mamão papaia, pimentão, caqui, banana-da-terra, ameixa, abóbora, batata-doce, nabo e algas.

E quando não for possível o aleitamento materno?

A mamãe vegana — assim como todas as outras — deve fazer todos os esforços para garantir o aleitamento materno pelo menos ao longo dos 6 primeiros meses de vida do bebê. Se por alguma razão, porém, você não conseguir amamentar, discuta com o seu pediatra de confiança as melhores possibilidades de garantir a nutrição adequada ao seu filho. Hoje, infelizmente, no mercado brasileiro, não existem opções 100% veganas de fórmulas infantis apropriadas para essa fase da vida. O mercado oferece fórmulas livres de lácteos (sem leite de animais em sua composição) que são à base de soja ou de proteína de arroz, mas elas são enriquecidas com vitamina D3 (de origem animal), assim como ômega 3 (peixes), além de outros componentes, como colina e taurina, que podem ser de origem animal.

Nunca dê ao seu filho leite em pó feito em casa, nem substitua o leite materno por leite de vaca ou qualquer outro leite. Os bebês necessitam de nutrientes específicos em determinadas quantidades, e somente o leite em pó específico ou o leite materno fornecem esses nutrientes. Eles são os únicos confiáveis e nutricionalmente adequados para os primeiros 12 meses de vida da criança.

Este guia vegano foi elaborado sob a supervisão e a orientação da nutricionista Alessandra Luglio, CRN3 6893.

Para pensar

O veganismo, antes de mais nada, é um modo de viver. Fala-se muito a respeito da dieta vegana, livre de quaisquer alimentos de origem ou derivados de animais, mas é fundamental ter em mente que o movimento também luta pelos direitos dos animais.

Atualmente, grande parte dos alimentos industrializados tem componentes de origem animal e a cadeia produtiva de nossa sociedade se baseia na exploração dos animais, por isso os veganos não utilizam sapatos, roupas, cosméticos e produtos farmacêuticos que sejam testados ou que tenham ingredientes de origem animal.

Fomos ensinados a acreditar que é normal comprar uma bolsa de couro, que é normal visitar os bichinhos fofinhos que estão no zoológico ou os peixinhos coloridos que estão no aquário, porém temos a opção de repensar tais costumes e crenças e adotar uma postura mais coerente e justa com estes novos tempos.

Este livro, composto na fonte Fairfield,
foi impresso em Pólen Soft 80g/m² e Couché 115g/m² na R.R. Donnelley,
São Paulo, Brasil, abril de 2018.